▶▶▶ 心理学 de 学級経営

勇気づけの教室をつくる！
アドラー心理学入門

佐藤 丈 著

明治図書

まえがき

　この『勇気づけの教室をつくる！アドラー心理学入門』という本はアドラー心理学をベースにした学級づくり，学校づくりについて，一小学校教師が提案する方法についてまとめた本です。

　精神科医アルフレッド・アドラー（1870～1937）は「人間の悩みはすべて対人関係の悩みである」と述べ，心のありかを，人と人との間に置きました。個人をこれ以上分割できない全体としてとらえ，ある目的に向かって生きる目的的な存在だと考えました。

　「なぜあのときあの子どもは掃除をさぼっていたのだろう」

　「なぜあのときあの子どもは騒いでいたのだろう」

　「なぜあのときあの子どもは教室を飛び出していったのだろう」

　「なぜあのときあの子どもは切れてバケツの水をぶちまけたのだろう」

　「なぜあのときからあの子どもは学校に来なくなってしまったのだろう」

　アドラー心理学を学ぶことで，今までもっていた解と違うものが出てくるかもしれません（きっと出てくるでしょう）。それは，今までの解やそれに応じた方略を否定するものではなく，あなたが手にする解と方略の幅が何倍にも広がるということです。

　アドラー心理学を学ぶことで，今までやっていたあたりまえのことがあたりまえでなくなり，今までの自分とは違った指導方法をとることを迫られるかもしれません。

　アドラー心理学を学ぶには，勇気が必要です。アドラー心理学はあなたがあなたの課題に向き合うことを迫り，あなたが変わる決断をすることを応援し，あなたがあなたらしく生きることを支えます。

　まずは，この本を手に取っていただけたことに感謝し，ページを開き，勇気づけの学級をつくる仲間になっていただくことを心から願います。

Contents

まえがき

第1章 アドラー心理学—基本の「キ」

1. アドラー心理学とは？ ……………………………………………… 08
2. 民主的な教育観をもとにした視点 ………………………………… 12
3. 過去の原因探しをしない心理学 …………………………………… 16
4. 勇気づけの心理学 …………………………………………………… 20
5. 共同体感覚の育成を目指す心理学 ………………………………… 26

第2章 アドラー心理学による学級づくりの4段階

1. 適切な行動，あたりまえな行動を認める（第1段階） …………… 32
2. 子どもと対等な横の関係をつくる（第2段階） …………………… 36
3. 競争よりも協力を大切にする（第3段階） ………………………… 39
4. 自律した学級をつくる（第4段階） ………………………………… 43

第3章 365日の学級経営にアドラー心理学を生かす

1. アドラー心理学はどんな場面で活用できるか ……………………… 48
2. 学級開きにアドラー心理学を生かす ………………………………… 52
3. 友達関係づくりにアドラー心理学を生かす ………………………… 58

4 学級のルールづくりにアドラー心理学を生かす……………… 62
5 授業づくりにアドラー心理学を生かす……………………… 66
6 行事指導にアドラー心理学を生かす……………………… 70

第4章 「ほめる」→「勇気づけ」で教室を変える

1 「ほめる」と「勇気づけ」の違い………………………… 76
2 自律的な行動につなげる「勇気づけ」…………………… 80
3 勇気づけトレーニング―勇気づけがうまくなる秘訣……… 84
4 日常場面の勇気づけ……………………………………… 88
5 授業中の勇気づけ………………………………………… 92
6 トラブル場面の勇気づけ………………………………… 96

第5章 教室に共同体感覚をはぐくむポイント

1 共同体感覚とは何か…………………………………… 102
2 子どもの社会性を育てるアプローチ…………………… 106
3 クラス会議で共同体感覚をはぐくむ…………………… 112
4 授業中に共同体感覚をはぐくむ………………………… 118
5 トラブル場面で共同体感覚をはぐくむ………………… 122

 ## アドラー心理学を生かした問題場面への対応術

1 過度の注目をひく行動への対応術 …………………………………… 126
2 教師に対する反抗的行動への対応術 ………………………………… 130
3 迷惑行動・無気力，無関心への対応術 ……………………………… 132
4 いじめ問題への対応術 ………………………………………………… 134
5 不登校問題への対応術 ………………………………………………… 139

あとがき

第1章 アドラー心理学 ―基本の「キ」

アドラー心理学とは？

１　ようこそ，アドラー心理学，勇気づけの世界へ！

　アドラー心理学は勇気づけの心理学です。アドラー心理学は子どもたちを勇気づけます。アドラー心理学は保護者や職場の仲間を勇気づけます。そして，アドラー心理学は，あなた自身を勇気づけます。

　勇気づけられた子どもは，自分の人生の主人となり，自分の人生の様々な課題について責任を引き受けます。勇気づけられた子どもは，様々な問題を友達と協力して解決しようと努力し，失敗から学びます。

　勇気づけられたあなたは，教師としての使命とその意義を理解するばかりでなく，人間として生きることの意味そのものに気づき，それを子どもたちに伝えたいと思うでしょう。そして，毎日の生活が生き生きとしたものに変わっていくことに気づくはずです。

　この本を手にとられたあなたは今，アドラー心理学のドアの前にいます。

　もしもあなたが，とても困難な学級を任され，今まさに勇気をくじかれそうになっていたとしたら，どうぞこのドアから中へお入りください。

　もしもあなたが，そつなく学級経営をこなし，うまくいっているのだけれど，何かたりないものがある，たりないだけでなく，何かむなしいと思われているとしたら，どうぞ中へお進みください。

　もしもあなたが，とても困難な学級を次々と立て直し，子どもたちを勇気づけ，自らも勇気に満ちて日々を過ごしているとしても，どうぞ中へお入りください。そして私たちにあなたの勇気づけの話を聞かせてください。

2　注目を浴びるアドラー心理学

　アドラー心理学に関する本が2013年の暮れから立て続けに出版され，ベストセラーが相次ぎました。書店で平積みされたアドラー心理学関係の本を目にした方も少なくないと思います。その影響もあって，にわかにアドラー心理学への関心が高まり，一般向けのアドラー心理学関係の講座は異例の賑わいを見せていると聞きます。気のせいかもしれませんが以前に比べて日常的に「勇気づけ」という言葉を多く聞くようになった気がします。

　さて，一方，教育界においては，この「アドラーブーム」に先んじて，アドラー心理学を授業や学級経営に生かした実践が注目されていました。「勇気づけ」や「クラス会議」といった言葉を見聞きされた先生，あるいはすでに実践されている先生方もいらっしゃるかもしれません。この「勇気づけ」や「クラス会議」のバックボーンとなっている理論や思想が，アルフレッド・アドラーが創始した「アドラー心理学」です。

　アドラーは，フロイトやユングと並ぶ心理学の巨匠でありながら，日本ではなかなか知られずにいた精神科医です。アドラーの理論はともすれば「あたりまえのこと」と目されるほど，非常にシンプルでわかりやすいものです。しかし，敷居の低さから気軽に一歩踏み込むとあら不思議，そのユニークさに驚かされることしばしばです。三大巨匠の他の二人（フロイトとユング）が，個人の内面，無意識に注目したのに対して，アドラーはあくまでも人間関係に注目をしました。それゆえ，人間の様々な行動は，個人の内面や過去の原因に突き動かされたり縛られたりした結果ではなく，ある目的に向かって主体的に選択されたものであると考えました。そういう意味で人間は過去に縛られない自由な存在であると主張したのです。

　それではなぜ今，アドラー心理学が注目されているのでしょう。そして教育界での活用が一足早く進められてきたのでしょう。

③ 慢性の勇気欠乏症

アドラー心理学は勇気づけの心理学です。そしてその勇気とは「困難を克服する活力である」と，日本のアドラー心理学のけん引役で「勇気の伝道師」と自負するヒューマン・ギルドの代表，岩井俊憲は著書「勇気づけの心理学」で述べています。アドラー派のカウンセラー星一郎は秋葉原事件（2008年）についてのコメントで「みな，小さな勇気を積み重ねて生きている。いじめっ子がいても学校へ行き，面倒でも風呂に入る。ところが各場面で勇気をくじかれると，こうした当然のことができなくなる」と述べています。これは，秋葉原事件の犯人が特別の存在ではないと警鐘を鳴らしたのだと思います。星はさらに続けます。「勇気は，逆境を乗り越える力になる。その勇気を支えるのが，『自分が好き』という自己肯定感である」。

④ 自分のことが好きか？

私は以前『ほんものの「自己肯定感」を育てる道徳授業　小学校編』（諸富祥彦編著，明治図書，2011）という本の中で，小学4年生を対象とした自己肯定感を育てる道徳授業を紹介したことがあります。

授業に先立ち，小学4年生のあるクラスを対象に「自分のことが好きか？」というアンケートをおこなったところ，下のグラフのような結果になり，自分のことを好きだと思わない子どもが約7割にものぼることが示されました。たった1クラスの結果とはいえ，見過ごすことはできません。毎年3万人近くを数える日本の自殺者数を合わせて考えると，大人も子どもも慢性の勇気欠乏症状態であるといっても言い過ぎではないでしょう。このような現代日本の状

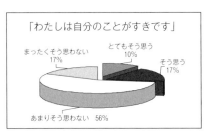

況から人々は「勇気」を渇望し，その結果としてアドラー心理学に注目が集まったのだと私は考えています。

5 教育界でアドラー心理学が注目されてきた理由

　さて，それではなぜ，教育界でこのアドラー心理学が一歩先んじて注目されてきたのでしょう。それにはいくつかの理由があります。

　第一に，アドラー自身が教育に社会変革のチャンスを求めていたという背景があります。第一次世界大戦に軍医として参加したアドラーは，戦場での惨状から，平和な社会を築くための社会変革は教育の場において共同体感覚をはぐくむことにあると考えます。そして，教師や保護者，本人の相談にのる機関，現代でいうところの児童相談所を，ウィーンをはじめ，オーストリア各地に次々とつくっていったといいます。つまり教育に心理学の活用を第一に取り入れたのはアドラーその人だったのです。

　第二に，アドラー心理学の最も重要な後継者であるルドルフ・ドライカースによる功績も少なくありません。ドライカースはのちほど紹介するように，子育てや学校教育において親や教師が子どもと対等で相互尊敬し相互信頼し合える関係を築き民主的な教育をおこなうことが子どもを勇気づけ，共同体感覚を育てると，アドラーの考えをさらに推し進めました。

　第三に，現代アメリカの教育学者であるジェーン・ネルセンらによる「クラス会議」などのツールの開発です。これらのツールを用いることで，子どもたちは主体的に問題解決に取り組むよう勇気づけられ，仲間と協力し相互尊敬・相互信頼の関係を築きながら共同体感覚を育んでいきます。さらにこれらの教育方法が文教大学の会沢信彦氏の翻訳（『クラス会議で子どもが変わる—アドラー心理学でポジティブ学級づくり』コスモスライブラリー）によって日本に紹介されたのを皮切りに，各地の小・中・高等学校でクラス会議が実践されるようになっていきました。

第1章　アドラー心理学—基本の「キ」

民主的な教育観をもとにした視点

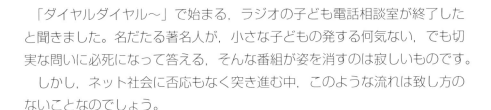

1　なんで学校に行くの？

　「ダイヤルダイヤル〜」で始まる，ラジオの子ども電話相談室が終了したと聞きました。名だたる著名人が，小さな子どもの発する何気ない，でも切実な問いに必死になって答える，そんな番組が姿を消すのは寂しいものです。
　しかし，ネット社会に否応もなく突き進む中，このような流れは致し方のないことなのでしょう。
　さて，この番組でも何度も取り扱った質問ではないでしょうか。そう，「なんで学校に行くの？」です。永六輔氏だったら，無着成恭氏だったら，どう答えたでしょう？　そしてあなただったらどのように答えますか？　もしかしたらあなたも，同じような質問を子どもに問われたことがあったかもしれません。そしてお二人に比べて，あなたの方がずっと答えに窮するのかもしれません。なぜなら，あなた自身も「なぜ学校に行き教えるのだ？」と同時に問われているからではないでしょうか。つまり，教師としてのアイデンティティをも根源的に問われ，第三者として回答するわけにはいかないのです。
　あらためて聞きます。子どもたちはなぜ学校に行くのでしょう。
　私は「教育の目的」に答えを求めます。教育の目的とは「教育基本法」に明記されているものに他なりません。「なんだ……」とがっかりされた方もいらっしゃるかもしれません。もしかしたら，教師であるものにとってはあたりまえのことで，私だけがそこに答えがあることに，ずっと気づかずにいたのかもしれませんが，子どもたちが学校へ行き学び，私たちが教える意義はそこにはっきりと書かれているのです（がっかりされた方，どうかここで

読むことをやめないでもう少し先まで読み進めてください）。

　今一度，教育基本法の第一条（教育の目的）を見直してみましょう。

　「平和で民主的な国家及び社会の形成者」これはアドラーが戦地で決意した使命とぴたりと一致していると私は考えます。社会とは，人と人とのつながりに他なりません。そしてそのつながりは，広い意味での言語によるものです。この言語はいわゆる音声言語，文字言語に限りません。子どもたちが音楽や図工や体育で学ぶリズムやメロディ，色や形，体の動きや競技も，人と人とをつなぐ言語です。文字どおり時空を超えた一つの音に，色に，動きに，何億，何十億もの人が感動をわかち合える時代（例えばオリンピックのテレビ中継）が来ると，アドラーは予想したでしょうか。人と人とがつながる豊かな言語をもつことで平和で民主的な国家をつくろうと私たちは目的を一つにしているのです。

　つまり，子どもたちは日々学ぶことで平和で民主的な国家を築くあゆみを続けているのです。一人一人の小さな石の積み重ねが，すべて結果として表れてくるのです。反対に，そのような国家や社会がどの程度できているかで，私たちの教育の仕組みがうまくいっているかどうかを点検することができます。あなたはどれくらい達成できていると思われますか？

　以上のように考えると，明日の授業の準備をする教師の勇気もわいてくるのではないでしょうか？　そのような意味や価値がかみ砕かれて，やさしくわかりやすい言葉となって授業や生活指導を通して子どもたちに伝われば，彼らの背負うランドセルがずいぶん軽く感じられるようになるのではないでしょうか。子どもたちの問いは，自然と解消していくのです。

❷ あなたのスタイルは？　民主的？　専制的？

　アメリカのアドラー心理学の専門誌にあった，「アドラー心理学に基づいた子育てセミナーへ参加したことが子育てのスタイルにどう影響するか」（University of Texas 2009）という研究で，子育てのスタイルを分類した

ものが次の表です。

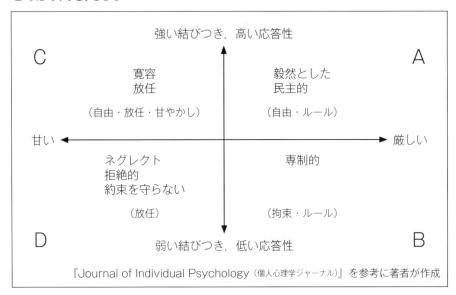

　この分類は親子関係だけでなく，教師の指導スタイルにも当てはまると思います。Q-UアンケートやPM理論にも通ずるところがあり，分析すれば高い相関が得られることが予想されます。
　それでは，私たちが目指す「民主的」とはどのようなものを指すのでしょうか。アドラー心理学では，子育てや指導者のスタイルを，専制的（B象限）放任（CまたはD象限）民主的（A象限）として分け，民主的な子育てを目指しています。この研究では，保護者がアドラー心理学に基づいた子育てセミナーに参加することによって，民主的な子育てに変化することが示されています。

3　それぞれのスタイルの特徴

　それぞれの特徴を具体的に見ていきましょう。まず専制的とは，子どもからの意見に聞く耳をもたず，親，あるいは教師の判断や価値観にしたがわせ

ようとするスタイルです。この場合，大人の押さえ込む力が強いうちはしたがわせることができますが，力の逆転が起こったときには，したがわせることができないばかりか，手厳しい復讐に悩むことになるかもしれません。また，対人関係を支配―被支配の関係でとらえ，いつも支配する側に回らなければ気がすまないパーソナリティを育ててしまうでしょう。

　次に放任とは，まずCの場合は，子どものやりたいことについて最大限配慮し，やらせてあげ，ルールを押しつけることはしません。よくいう甘やかしです。Dについては，子どもの行動そのものに無関心であり，「ほったらかし」で気まぐれな関与が見られます。これら二つの子育てのスタイルでは，何がよくて何が悪いのか，の判断を自律的におこない，他者と協力して生きる力は育ちません。特にDのスタイルであると，子どもの情緒は不安定になり，もしも担任教師がこのスタイルであれば，教室が荒れることは火を見るよりも明らかです。

　終わりに，目指す民主的なスタイルでは，ルールやマナーに照らして，建設的なことと不適切なことを明確に分けます。子どもの意見に耳を傾け，話し合う姿勢をとります。したがって，子どもと意見が対立した場合，大人も意見を毅然として述べ，両者の合意点を探ります。一方的に判断や価値観を押しつけるのではなく，意見として述べるにとどめ，その判断や価値観について受け入れるかどうかは子どもに任されます。

　民主的なスタイルで育てられた子どもは，他者の意見に耳を傾け，自分の意見も主張できるようになるでしょう。そして，対人関係をWin-Winの関係にするために努力するようになります。あなたの指導スタイルは，どのスタイルに近いですか？

3 過去の原因探しをしない心理学

1 対人関係論

「およそ人の悩みというものは対人関係の悩みである」

「何をあたりまえのことを」と思われるでしょうか？ それとも「どういうこと？」と疑問に思われるでしょうか？ いずれにせよ，アドラー心理学の出発点は「人は一人では生きられない」というところにあり，一人では生きていけないからこそ，人間が問題と考える物事はすべて人間関係の中に生じると考えるのです。

例えば，この本でこれから何回も登場願うA男さん（小学3年生の男子）は，授業中たびたび立ち歩いてしまい，なかなか席につけません（以下文中の事例はすべて事実をもとにして筆者が創作した架空のものです）。この場合どのようにこの問題にアプローチしていくか考えてみましょう。

2 目的論

「この問題行動には原因がある」と考える諸派の心理学に基づくと，この子どもの生い立ちや家庭環境，発達の状況など，様々なこの子どもの内外にある原因を探り当て，それを取り除こうと考えるかもしれません。そして，その原因を取り除くことができない（原因というものは取り除くことが難し

い場合が少なくありません)と見るや「見守り」が始まります。よく，教育相談的なアプローチが甘やかしである，と称されてしまうのはその辺りを指しているのかもしれません(もちろん，見守りからその子どもの改善への意欲が生まれ，周囲と調和して成長する方向に向かえれば，その方略も有効だといえますが……)。

それに対して対人関係論に基づくアドラー心理学では，Aさんが勝手に一人で立ち歩くのではなく，その子どもにとって，対人関係上何らかの目的があるからだ，と考えるわけです。その目的を「立ち歩く」という方法ではなく，より適切な方法で得ることができれば，この子どもは「立ち歩く」という行動をとらなくてすむようになる，と考えます。

３ 目的？ 目標？

それではA男さんの行動の目的は何でしょう。

その前に，もう一つ読者のみなさんと確認しておかなければならないことがあります。それは私たちが何気なく使っている，この「目的」という言葉です。似た言葉に，「目標」というものがありますが，違いは何でしょう。

富士登山を例にとり「目的(まと・登頂)」を果たすために「目標(しるべ・〇合目)」を設定する，と上越教育大学の赤坂真二教授が研修でお話をしてくださり，なるほどと膝を打った経験があります。考えてみれば教育基本法でも，まず教育の目的が掲げられ，それを実現するために目標が設定されています。

アドラー心理学では人間の行動には目的があると考え，その目的を果たすためにどのような目標を設定するかという視点で行動の意味をとらえます。

４ 欲求の階層説から

次に示した「マズローの欲求の階層説」はあまりにも有名ですが，アブラ

ハム・マズローもアドラーの影響を強く受けた心理学者のうちの一人だということはあまり知られていないようです。

さて，この欲求の階層説，人間の欲求は下の階層から順に積み上げられ，最終的には自己実現（あるいは自己超越）に向かうということを示しています。しかし，アドラー心理学では人間の根本的な欲求は所属の欲求であると考えます。なぜなら人は一人では生きていけないからです。

'Adlerians believe that all human beings have a need to belong.'

この一節は，『PARTNERS in Play』というアドラー心理学をベースにしたプレイセラピーの専門書からの引用です。ときに，生存や安全が満たされない場合でさえ，いや，そういう場合こそ，人々はつながりの中で生きようとします。反対に，つながりを断ち切られたとき，人は生きる意欲さえ失うことがあります。人は一人では生きていけないのです。実はこのことについて腑に落ちて納得できるようになることこそ，アドラー心理学をベースにした教育の目標でもあるのです。

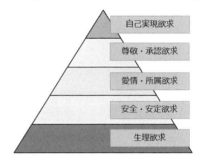

母子関係を最も小さな社会と考えると，まさに人間は社会的な存在です。自分を守り育ててくれる対象からいつも見放されないようにときに泣き叫び，ときに愛くるしい笑顔を浮かべ，最も小さな関係＝社会に所属しようとします。この関係抜きでは片時も生きていくことはできません。

現代では倫理的にとても許されませんが，フレデリック大王の実験という有名な実験があります。産業革命後のイギリスの修道院で育てられていた捨て子に対して，修道士がミルクだけ与えてあとは目も合わせなかったというのです。結局，実験が終了する以前にみんな亡くなってしまったそうです。

ハーバード大学のエドワード博士が1970年代におこなった実験「Still Face Experiment」は大変興味深いものです。それは，健全な愛着関係が育っている母子が実験に協力したもので，はじめはにこやかにコミュニケー

ションをしている母親とその赤ちゃんですが，突然母親が能面のような顔（still face）になり，赤ちゃんの働きかけに一切応じないようにするものです。

赤ちゃんはありとあらゆる手を使います。にこやかに笑いかけたり，指で指し示したり……それでもやはり表情を変えない母親に，今度は奇声を上げ，必死に注意をひこうとします。ついには泣き出してしまいます。母親の普段の対応（笑顔や身体接触，言葉かけ）が戻ったとたん，赤ちゃんの不安も一気に解消されました。

⑤ 子どもたちの行動には意味〈目的〉がある

それでは，いよいよＡ男さんに話を戻しましょう。Ａ男さんの立ち歩きの目的，そして目標は何でしょう。まずは目的。それは，そう「所属」です。学校で，特に学級という場に所属するために，Ａ男さんは過度の注目を得るという目標を立てます。過度の注目を得ることができれば，自分は学級に所属している。大丈夫であると感じることができるのです。過度の注目を得るためには立ち歩くことが有効であると，教師や友人の反応から学び，強化していったのです。Ａ男さんは「先生が特別に僕を見ているか友達がみんな僕に注目しているときだけ，僕はクラスに所属している」という誤った信念（アドラー心理学では私的論理 'Private logic' と呼びます）をもとに行動するようになります。

Ａ男さんだってはじめから立ち歩いた訳ではありません。しかし，どう頑張っても適切な方法で所属することが難しかったのです。注目を得られないことは集団からの無視に等しく，それは子どもにとっては死活問題なのです。だからふざけているように見えるＡ男さんの立ち歩きは，必死の生きるための手段であるのかもしれないのです。

勇気づけの心理学

1 勇気づけとは

　勇気づけの「勇気」とは「困難を克服する活力」であり，その活力を子どもたちから引き出すことが勇気づけということになります。

　「アドラー心理学は勇気づけの心理学である」と，今では誰もが説明し，そのように理解していますが，かつてアドラー心理学は劣等感の心理学といわれてきました。たしかにアドラーは，劣等コンプレックス，優越コンプレックスという言葉の生みの親であり，劣等感，優越感，そしてそれらの問題化した状態としてのそれぞれのコンプレックスは，今なおアドラー心理学を支える重要な概念です。

　一方，アドラー自身は「勇気づけ」という言葉をそれほど多く使用したことはなかったようです。しかし，ドライカースをはじめとする後継者たちにより，アドラーの劣等感や共同体感覚などの様々な考えが整理され，統合，発展する中で，「勇気づけの心理学」という面が際立ってきたのだと考えられます。アドラーの蒔いた種は，様々に発展し，「勇気づけ」という大きな実を結んだといえるでしょう。

2 運命の主人として～何のために勇気づけるのか

　グローバル社会を迎え，様々な価値観の中，日々刻々と変化する社会を生き抜くために，私たちは日本の子どもたちに「生きる力」をはぐくもうと教育の目標を一つにしています。

　この「生きる力」には，自ら人生を切り開いていこうとする能動的な意志

という意味が込められていると私は考えます。そして，岩井俊憲の定義する「勇気」と多くの部分で重なると思えてなりませんがみなさんはいかがでしょう。

　運命に翻弄され，誰か，あるいは過去の出来事のせいにして生きるのではなく，運命の主人として，様々な困難を克服して生きていく主体性をはぐくむために，私たちは子どもたちを勇気づけます。そして，本物の勇気づけは，子どもが自分自身を勇気づけられるようにすることだともいわれています。勇気づけられた子どもには，あとで述べる共同体感覚が育ちます。共同体感覚はつながり感覚ともいわれます。

　自らの人生の課題を克服するだけではなく，そのことが公共の課題，難題をも解決すべく，協働を生むのです。

❸ ほめられたものではないものの……

　ちょっとタイムマシーンに乗って，Ａ男さんが高校１年生になった５月連休明けに行ってみましょう。高校に進学したＡ男さんは，「進学校じゃないし，課題もたいして出されないだろう」と，たかをくくっていました。しかし実際に入学してみると，それなりに課題は出るものです。しかも連休は，友達と山登りに出かけたり，サイクリングに興じたりしていて，あっという間に終わってしまいました。

　課題に取り組んだのは連休最終日の夜９時を回ってから。いくら本番に強いＡ男さんでも，火事場のバカ力を発揮しても間に合うわけがありません。午前３時を回ったときに，ギブアップ。

　Ａ男さんは，重い気持ちのまま翌朝学校に向かいました。課題を仕上げずに学校に行くこと自体はあまりほめられたものではありません。しかし彼は不完全な自分を受け入れる勇気を十分に持ち合わせているようです。

4 勇気くじきから考える

　勇気づけを考えるとき，勇気くじきから考えるとわかりやすいので，私の失敗例を紹介しましょう。ある図画工作の授業の一コマです。

　新採用の2，3年後，私の受け持ったクラスでは，新しくできた町の公民館に飾る「未来の〇〇町」の絵に取り組んでいました。優秀な作品は，公民館にずっと飾られるとあって，子どもたちはみんな張り切って描いていました。

　その中に，いつもすばらしい絵を仕上げるB男さんがいました。B男さんはさすがに，この絵でもピカイチです。上空から町を俯瞰して，その当時はまだ夢の夢であったリニアモーターカーをうまく配置しながら緑豊かで，でも近代的な都市を描いていました。私も「この絵はきっと選ばれる……」とわくわくした気分でいました。B男さんの席を通るときには，表情がゆるんでいたかもしれません。ただ，私はそのあとB男さんの勇気を決定的にくじいてしまいました。

　「その，川の中で泳いでいるのはB男さん？　いいねえ。でも，もうちょっと目立つように，濃く塗ったらどうかな？」

　その直後，B男さんはほとんど仕上がったその絵の上から，水入れの水を「ぶちまけた」のです。

　私は慌てて，そこにあったスポンジで汚れた水を吸い取ろうとしましたが，もう後の祭りです。せっかくの美しい絵は台無しで，水でふやけた絵が恨めしげに私を見上げていました。

　当時の私はB男さんにすまないという思いはあったものの，これがいかに彼の勇気をくじいていたかについては，よく理解していませんでした。ただ，図工の時間にあれこれと指示を出し，うまい絵を描かせようとすることは，間違っているのだということだけははっきりと学びました。

5 バリアとビルダー

『クラス会議で子どもが変わる―アドラー心理学でポジティブ学級づくり』では，子どもの勇気をくじく接し方を「バリア」，子どもを勇気づける接し方を「ビルダー」と呼びわかりやすく説明しています。それでは先の図工の例を，主にバリアの考え方に沿ってみていきましょう。

> バリア1「決めつけること」
>   私は彼が「もっと少年を目立たせたらよいと思うだろう」と決めつけ，彼の個性的なものの見方を否定していた。
> バリア2「救い出すこと/説明すること」
>   濃い色で塗った方が川で泳ぐ少年を目立たせることができてよいと説明し，彼自身が描きながら気づき学ぶことを阻害した（そもそも少年を目立たせようとは思ってはいなかった）。
> バリア3「指示すること」
>   婉曲にいいながらも，濃い色で塗ることを支持し，彼の個性や自発性を無視した。
> バリア4「期待すること」
>   直接言葉で表現していなかったが公民館に飾られるにふさわしい作品として選ばれるような絵を描くことを期待し，それに達していないことを濃く塗るように指示することで示した。
> バリア5「大人中心主義」
>   「うちのクラスから，公民館に飾られる絵を出したい」とはまさに担任のエゴである。私は彼がどんな思いでその絵を描いていたのか，知ろうともしなかった。尊敬の念を全く欠いていた。

振り返ってみると，たった一言に5つのバリアのすべてが込められて

いました。彼は私の頭の代わりに彼の絵に水をぶっかけたのでしょう。
私の眼はようやく覚めました。

6　立ち歩くＡ男さんをどう勇気づけるか

　Ａ男さんの事例に戻ります。Ａ男さんの目的は所属で、その目的を果たすために、担任や友達の注目を得るという目標を立てました。そしてその注目の引き方として、立ち歩くという不適切な行動をとったのでした。

　明らかに勇気をくじくであろう対処は、立ち歩きをその都度注意するということです。これは不適切な行動に注目を与え、Ａ男さんの行動を強化してしまっています。もしかしたら、担任が鬼の形相で、猛烈に叱り飛ばせば席につき、二度と立ち歩かなくなるかもしれません。

　しかし、これは恐怖を避けるための反応として席についているだけのことで、恐怖がなくなったら（例えば担任が替わる）とたんに立ち歩きが始まるのではないでしょうか。またはもっと違った不適切な方法で注目を得ようとするかもしれません。なぜなら、所属という目的が得られていないから……。

　それでは不適切な行動に注目を与えないとどうでしょう。よく聞く対処で「立ち歩きは無視し、立ち歩いた子どもが席に戻ったときにすかさずほめる」というものがあります。中には大げさに感動を表明し、席に戻った子どもを抱きしめるなんていうのも聞いたことがあります。

　教師の対処は一見適切に見えますが、子どもは教師の思惑とは反対に、最終的にほめられる（注目される）ことを目標として同じサイクルを何度も繰り返す結果に陥ることがあります。このようなことが繰り返されたとき、その子どもは日常的に勇気くじきにあっていることが考えられます。この場合、いったんこの堂々巡りから離れ、Ａ男さんを別の場で勇気づける必要があります。

　例えば、Ａ男さんが登校してきたとき

に，笑顔で迎えたでしょうか。Ａ男さんが立ち歩く前に，Ａ男さんに注目しているでしょうか。例えば「そうそう，それでOKだよ」という気持ちで，目配せするだけでも所属の欲求を満たすには，十分なのかもしれません。

「植物が太陽と水を必要としているように子どもは勇気づけを必要としている」。ドライカースのあまりにも有名なこの言葉は，あとにこのように続きます。「不幸にも，最も勇気づけの必要な子どもが最小のものしか得ていない」。

Ａ男さんの立ち歩きは，「勇気づけを必要としている」というサインです。不適切な行動，いわゆる問題行動を起こしている子どもは「困った子」「問題児」ではなく，「困っている子」「苦戦している子」なのです。そして，最も勇気づけを必要としている子どもなのです。

7 ほめてはいけない？

ところで，アドラー心理学ではよく「ほめるのではなく，勇気づけを」といいます。中には「ほめるな危険！」とトイレの洗剤のラベルのようなことをいう人までいます。

さて，あなたは子どもをほめていますか？　もしもそうだとしたら，クラスの中でよくほめられる子どもとそうでない子どもに偏りはありませんか？まんべんなくほめるというのはなかなか難しいものです。なぜなら，ほめるというのは「うまくいっていること」に焦点を当てるので，どうしても，あなたの価値観にあった能力をもっていたり，行動をしたりする子どもがほめられがちになるからです。

「だからといって，『ほめるな危険！』はないだろう」。おっしゃるとおりかもしれません。しかし，ほめることと勇気づけを区別して考え，いったん「ほめる」を棚上げにする（捨てるのではありません！）ことで，子どもとのかかわり方が見えてくることもあるのです。のちほどじっくり考えていきましょう。

5 共同体感覚の育成を目指す心理学

1 共同体感覚はつながり感覚である

「共同体感覚はつながり感覚です」かつて岩井はラジオ番組の中でこのように説明していました。先に述べたように，人は一人では生きてはいけない。つながりの中でしか生きることができないのです（厳密にいえば生物はみな，つながりの中で生きています）。そのつながりの中で生きる感覚が，共同体感覚です。

2 共同体感覚のパズルと孤立のパズル

二つの図をご覧になってください。

左を「共同体感覚のパズル」，右を「孤立のパズル」と呼ぶことにします。髙坂は『共同体感覚尺度の作成（教育心理学研究 Vol.59, 2011）』で2011年に共同体感覚が育っているかどうかは４つの因子「所属感」「信頼感」「貢献感」「自己受容」があるかどうかで，調べることができると，共同体感覚の尺度をつくりました。

あなたは，あなたの職場，あるいは地域などのあるグループの一員だと感じますか？　あなたは，あなたの周囲にいる人をどの程度信じることができますか？　あなたは，誰かの，または何かの役に立っていると感じていますか？　そしてあなたは，今の自分が好きですか？

いかがでしょうか？　尺度の言葉そのままではありませんが，上のような質問で構成されたアンケート式の尺度です。それらがほぼOKであれば，共同体感覚が育っているということになり，それらがだいたいNOであれば，共同体感覚がそれほど育っていない，孤立感や不安の強い状態だといえるというわけです。パズルをひっくり返した状態「疎外感」「不信感」「無力感」「自己否定」でいっぱいになったとき，不登校や非行，学業不振など様々な問題が生じるのです。

③ 共同体感覚をはぐくむ

共同体感覚は精神の健康のバロメーターであるともいわれます。つまり，共同体感覚が育っているということは精神的に健康であるといえ，幸福であるともいえるのです。わたしたちは，子どもたちの共同体感覚をはぐくまなければなりません。

それでは，一口に共同体感覚をはぐくむといっても，いったいどのようにしたらよいのでしょう。この場合も，共同体感覚のパズルの4つのピース，所属感，信頼感，貢献感，自己受容，というように，便宜上分けて考えると，わかりやすいのではないでしょうか。注意したいのは，それらがバラバラに独立してあるのではなく，それぞれが深く関連しながら，共同体感覚としてまとまっているということです。アドラー心理学は全体論に立つのですから。

④ 所属感をはぐくむ

まずは疎外感のピースをひっくり返して所属感を育てましょう。

先のStill Faceの実験で赤ん坊は母親との関係という最小の社会に所属を取り戻すことに必死でした。では，何を取り戻そうとしていたのでしょう。それは，微笑みかければ微笑み返してくれ，指させばそちらを一緒に見てくれる。話しかければ，それに反応してくれる。そうすることによって，赤ん坊は所属感を得ていたのです。

　つまりこのことを，学校でおこなえばいいのです。子どもの関心事に興味をもつ。子どもに笑顔で接する。朝「あなたに会えてうれしい」という気持ちで，挨拶をする。帰りは「また明日も会いたい」という気持ちで送り出す。

　小学校入学前に，このような所属感を十分に育てていた子どもは，はじめから建設的であり協力的です。そして，母子や家庭よりももっとずっと大きな集団である学級や学校に所属しているという感覚をより強めていきます。

　しかし，このような感覚を十分に育てられてこなかった子どもは，所属を得るために必死になります。それは実験の赤ん坊がしたように，金切り声を上げることかもしれません。不適切な行動で担任の関心を引き，注目を得ているとき，母親代わりの担任との関係に所属していると感じることができるのです。実は，このような不適切な行動だけではなく，なんでも率先して行動し，いつもいい子でいる子どもも関心を引くという意味では目的が同じであり，所属感をもてていないことがあります。これは，いい子でいるときだけ，自分はOKであるという信念をもつことになり，そのことによって失敗や困難を恐れたり，人と比較して負けることを極端に嫌う傾向が見られたりするようになるかもしれません。

　パズルをひっくり返して所属感を育てるためには，勇気づけが必要です。この場合の勇気づけは，ありのままの子どもにOKを出すということです。

5　信頼感をはぐくむ

　例えば子どもは，暴力をふるう大人を信頼することができるでしょうか？感情に任せて大声で怒鳴る，あるいは金切り声をあげる大人を信頼できるで

しょうか？ 恐怖のためにいうことを聞くかもしれませんが，その大人との間に，信頼関係が生まれるはずはありません。

また，指示命令ばかりで，何も自分で決めることを許されない状況からは，自分は信頼されていないのだと考えるのが普通ではないでしょうか。自分を信頼しない相手を信頼することができますか？

信頼感をはぐくむためにも勇気づけが必要です。この場合は，子どもを信頼することから始めます。その子どもがよりよく生きようとしているという前提に立ち，その方向へ向かう，いかに小さな努力であっても，見逃さずに勇気づけます。たとえ子どもが不適切な行動をしたとしても，その原因ではなく，目的を「本当はどうしたかったの？」とたずねるのです。きっと，よい意図が見えてくるでしょう。

6 貢献感をはぐくむ

「ありがとう」「うれしい」「助かった」この言葉をいわれて嫌な気分になる人はまずいないでしょう。では学校の子どもたちにこれらの言葉をいうとしたらどうでしょう？ 全く抵抗はないし，今でもよく口にしている，という先生から，なんとなく抵抗を感じる先生までいるかもしれません。抵抗を感じるという先生は，もしかしたら，自分が「ありがとうございます」といわれることは全く問題ないのですが，子どもにいうとなると，なんだかすっと出てこないのかもしれません。たぶん，そういう先生は，教師は子どもにしてあげる立場であって，子どもからしてもらう立場ではないという感覚があるのではないでしょうか。

しかし，子どもの周囲への貢献に注目すると，感謝の言葉が自然と出てくるものです。また逆に，感謝の言葉を口にすることで，子どもの貢献に気づき，子どもへの尊敬の念がわいてくるということもあります。子どもと相互尊敬，相互信頼の関係を築くことで，子どもが「自分は役立つ人間だ」という貢献感をはぐくむことができるのです。「ありがとう」という言葉を使わ

なくても，朝校門で登校してくる子どもたちに「学校に今日も来てくれてありがとう，会えてうれしいよ」という気持ちを込めて，「おはよう」と声をかけることができれば上級者でしょう。

7 自己受容をはぐくむ

　最後は自己受容です。これは厳密にいえば他の3つが主に他者との関係で感じる感覚であるのに対し，この自己受容は，自分自身に関することです。そして，アドラー心理学では「課題の分離」といって，その課題や問題が誰のものなのかを分けて考え，人の課題に対しては口を挟まない，手を出さないという原則があります。そうすると，その子どもが自己受容しようがしまいが，それはその子どもの課題ということになり，私たちは自己受容させることはできないということになります。

　しかし「自分のことが好きか」と問うたとき，「大嫌い」と答える子ども，つまり自己受容できていない子どもが，クラスの一員だと感じたり，仲間の役に立っていると感じたり，周りの人を信頼できると思ったりすることはできないでしょう。

　人は完全ではありません。どこかに不完全さがあるからこそ，成長しようと動機づけられ，仲間と助け合おうとするのです。人間が社会的動物であるゆえんです。不完全である自分も含めて，丸ごと等身大の自分にOKを出せるようになること，そのためには，不完全であり成長の途上にある子どもの姿を，これまた不完全である私たちが丸ごと受容することによって，子どもは「自分は受け入れられている，自分はOKなのだ」と感じ，自己受容できるようになっていくのだと思います。

　私たちは，子どもたちを自己受容できるように勇気づけることはできるのです。

第2章 アドラー心理学による学級づくりの4段階

適切な行動, あたりまえな行動を認める（第１段階）

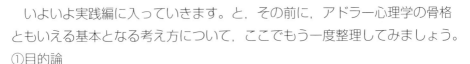

１　５つの基本前提

　いよいよ実践編に入っていきます。と，その前に，アドラー心理学の骨格ともいえる基本となる考え方について，ここでもう一度整理してみましょう。

①目的論

　人間は原因のみに突き動かされて行動するのではなく，人間の行動には目的があると考えます。ただし私は，原因論を否定するのではなく，原因からも目的からも，人間の行動の背景を考えることは有用だと考えています。

②全体論

　人間は分割できない全体，一つのまとまりとしてとらえるという立場です。

　例えば意識と無意識はそれぞれ矛盾するのではなく，アクセルとブレーキのように協同して働くと考えます。私は，人間に限ったことではなく，本来，すべての物事がホリスティック（包括的）に調和しているというアドラーの晩年の考え方は平和や環境，人権の問題を解く鍵であると思います。

③現象学

　人はその人固有の主観的な意味づけを通して世界をとらえると考えます。夜は化け物がわっと手を広げて襲ってきそうに見える木も，昼間は何ともないただの木だ，という例では，どちらもその子どもにとっては「本当の出来事」なのです。

④対人関係論

　「およそ人の悩みというものは対人関係の悩みである」と先に述べました。子どもの不適切な行動には，たいていの場合，相手役がいるはずです。母親の前ではけんかをする兄弟が，母親が部屋から出たとたん，けんかをやめた

ということは割とよくあることかもしれません。
⑤自己決定性
　人間は自分の行動を自分で決めることができる。つまり，過去や原因に突き動かされる，運命の犠牲者なのではなく，自分の人生，運命の主人は自分であると考えます。

2　勇気づけの第一歩

●第一段階
　第一段階では，勇気づけの日常化を図り，適切な行動，あたりまえな行動を認めるようにしていきます。そのことにより，子どもはその子どもらしいよさを発揮するようになっていくでしょう。

　それでは，先に確認した基本前提をもとに，これからこの本で歩んでいく道を確認したいと思います。アドラー心理学では「共同体感覚」の育成を目指します。そして，共同体感覚は勇気づけによってはぐくまれるのでした。
　その勇気づけの第一歩が「適切な行動，あたりまえな行動を認める」ということなのです。

　不適切な行動をする子どもの多くが最も勇気づけを必要としていると述べ

ましたが，例えばA男さんもまた，勇気づけを必要としているのでした。しかし，A男さんは所属の欲求を満たすために「過度の注目・関心を得る」という誤った目標を立て，そのために立ち歩きをしているのです。

そこで，A男さんを勇気づけるために，このシチュエーションからいったん離れます。そしてA男さんをよく観察すると，この場以外では別の一面が見えてくるのです。

3　本当はほとんどが適切な行動

例えば，やっとの思いで相談につながり，教育相談に来られるようになった子どもの中には，床屋に行く，風呂に入る，といった「あたりまえのこと」ができない，そんな状態になっていることがあります。（もちろんその「あたりまえのこと」がその子どもには何らかの訳があって「大変なこと」になっているわけですが）。

私たちは実は普段の生活をしているだけでも，多くのストレスにさらされているといわれます。相当の努力の結果として生きているわけです。考えてみれば，はじめは一人では何もできなかった様々な技術，食べること，消化し排泄すること，歩き走ること，話し聞き，読み書くこと，眠ること，など生きていくために必要なことは一つ一つ身につけてきたわけです。

朝起き，おはようと家族に挨拶をし，顔を洗い，歯を磨き，朝食をとり，仲間と待ち合わせをし，おしゃべりをしたり，車に気をつけて道を渡ったりしながら学校にたどり着いた子どもたちを私たちはどう迎えたらいいのでしょう。

それらの努力をあたりまえのこととせず「よく来たね，おはよう！」と心からいえるでしょうか？　勇気がくじかれた子どもはもしかしたらあなたの挨拶に下を向いたまま通り過ぎるかもしれません。

昨夜遅くまで起きていて，朝なかなか起きられず親にたたき起こされ，朝食はシリアルに冷蔵庫から出した牛乳をかけて食べ，歯も磨かず，顔も洗わ

ずに，仲間よりも遅れて一人で歩いて，それでも学校に来たのかもしれません。あなたの目の前を下を向いたまま通り過ぎた子どもと今日1日どのようにかかわったらよいでしょう。小さな努力と学びと成長の結果が，そこにいるのです。本当はほとんどが適切な行動なのです。不適切な行動のみに注目し（直そうとして）負の連鎖を起こす前に，適切な行動やあたりまえの行動に注目し勇気づけるのです。

　4月当初は，「いい子」を前面に出し頑張ってきた子どもたちも，5月連休を過ぎたころから徐々に「素の自分」を出すようになってきます。それぞれの子どものライフスタイルが見えてくるのです。

　その不完全で，不適切な行動もする，そのような子どもが実はあたりまえの姿なのでしょう。勇気づけを欲しているサインが見えてくるのです。

④ 足をあげる子ども

　「あの子は座っているときに机に足をあげているから」と前担任から申し送られたとします。4月当初は，そのような申し送りは嘘であったかのようにちゃんと座っているかもしれません。あなたは教師としての自信をもつことでしょう。しかし，1か月もするとやっぱり足をあげるのです。するとあなたの自信も一気にしぼんでしまいます。しかしそこからが勝負だといっていいでしょう。

　足を下ろさせようとしたら，あなたの負けです。勇気づけて足を下ろさせようとしても，負の連鎖に巻き込まれます（○○させるために，という下心があると勇気づけが勇気くじきになってしまいます）。そこで，「足問題」をいったん棚上げし，それ以外の部分での十分な勇気づけが必要です。そうしているうちにふと，足を下ろしているその子どもに気づくことがあるでしょう。そんなときにすかさず「いい姿勢で勉強していますね。あなたの姿勢からやる気が伝わり，とてもうれしいです。」と伝えるのです。

第2章　アドラー心理学による学級づくりの4段階

2 子どもと対等な横の関係をつくる（第２段階）

１ 「縦の関係」「横の関係」

●第二段階

　第一段階では，適切な行動，あたりまえな行動を認めるようにしました。第二段階では，子どもたちと横の関係をつくり，目標の一致を図っていきます。

　相手のあたりまえの努力に敬意を払い，尊敬の念を抱くこと。教師と子ども，子ども同士，教師と保護者が相互尊敬，相互信頼の関係にあること，これが横の関係です。「対等」や「横の関係」という言葉にアレルギーがある教師は少なくありません。「上下関係」や「縦の関係」がクラスに秩序をもたらし，機能的，合理的に経営する上で都合がいいと考えているからです。

　また，こういう考えもあります。対等な「横の関係」は例えば教師をあだ名で呼ぶようななれ合い関係を生む。そうすると教師の言動に敬意を払わなくなり結果として学級の秩序が乱れ，コントロールが効かなくなる。

　そして「対等とは何事だ」と対等という言葉そのものに感情的に反応する教師もいます。

２ 勇気をくじく「縦の関係」

　それでは縦の関係は何をもたらすのでしょうか。結論からいうと，子どもの勇気をくじきます。なぜ，勇気をくじくのか。

　子どもの誕生の喜びから，私たちは我が家の王様，お姫様，と赤ちゃんを

たたえます。そして「何も一人ではできない」王様，お姫様の面倒を手取り足取り見るのです。一時，赤ちゃんは自分で何もかもができているような錯覚に陥り万能感を得ますが，すぐにそれは偽物であると感づき，逆に「何一つ一人ではできない」劣等感にさいなまれるのです。つまり，万能である大人に対して全く無力な存在として赤ちゃんは自分を意味づけるのです。

しかし赤ちゃんはずっと無力のままでいようとは決してせず，自ら立ち上がることによって，自ら歩くことによって，「自分は弱い存在である」という劣等感を克服し，大人と同じようになろうとします。これがその子どもを成長の方向へ駆り立てます。

このような劣等感を克服の方向に向かうよう促すことが勇気づけであり，逆に阻害することが勇気くじきだといえます。つまり，勇気づける関係が「横の関係」であり，勇気をくじく関係が「縦の関係」だともいえるのです。

例えば子どもが苦戦している課題を大人が横取りし，代わりに解決してやったとしたらどうでしょう？　子どもは大いに勇気をくじかれるのではないでしょうか。横取りし，代わりに解決してやろうとするのは，子どもの成長への意欲を信頼していないからです。信頼されない子どもは，自分を信頼することができません。

実はこのような勇気くじきが，あたりまえにおこなわれてしまっているのが現状です。大人はそのことに気づきません。なぜなら「よかれと思って」子どもの代わりに課題解決してしまっているからです。

よくある話ですが，夏休みの工作や自由研究で，びっくりするような大作を，恥ずかしそうに2学期に持ってくる子どもはいないでしょうか。親が有能であることはわかりますが，そのことで，子どもは「僕は自分では何事もなしえない」と感じてしまっているかもしれません。

「大人は有能であり，子どもは無力である。だから，大人のいうとおりにしなければならない。」「大人の価値観はよく，子どもの価値観はよくない。子どもは大人の価値観を学ぶべきである」このように考えるのが「縦の関係」なのです。「ちゃんと，きちんと，早く」できなければならないと考え

ていませんか？

３　学級づくりは共同の課題である

　真面目な先生ほど，クラスの出来事はすべて自分の責任であると考え，子どもたちが何か問題を起こそうものなら「自分の指導力がたりないのだ」と自分を責めます。子どもたちにチャレンジを説きながら，一方で失敗を恐れます。

　真面目であることは決して責められるものではありません。しかし，すべて自分の責任であると考えるのは認知のゆがみといわれてしまうかもしれません。肩の力を抜いて，クラスの子どもたちと，職場の仲間と，保護者と一緒にクラスをつくっていこうという姿勢が必要なのではありませんか？

　そもそも，学級担任というのは１つの役割に過ぎず，学校という組織の一部を担っているのです。そして学校は地域の機能としてのシステムです。

　クラスの問題は，大きなシステムの働きの中で生じた結果です。その結果をあなた一人で負うことができると考えるのならば，それは傲慢だといわれても仕方がありません。

　学級づくりを，共同の課題とすること，それには手順が必要です。それは先にあげた，日常的な勇気づけの関係を築き，その上で横の関係で，子どもたちと同じ目標に向かって進む協力関係を結ぶ契約をしなければなりません。

　そのために「このクラスがどんなクラスになったらいいか」「このクラスで実現したいことはどんなことがあるか」また，「問題が起こったときにこのクラスはどのように解決するか」を話し合い，合意するようにします。もちろん，あなたはこのクラスの一員として意見を述べることはできますが，子どもたちの意見とすり合わせ，クラス全員で目標を一致させます。こうして横の関係ができあがるのです。

競争よりも協力を大切にする
(第3段階)

1 競争か協力か

●第三段階

「勇気づけの関係」「横の関係」ができあがったならばそこに傷つけ合う関係は生まれないように思われます。しかし，勇気づけの関係や横の関係を揺るがす，強力な人間の心性があります。それは「競争」です。アドラー心理学では，競争よりも協力を大切にします。

1989年，平成を迎えた日本の学校に，現行の教育に対する痛切な批判とともに，アドラー心理学に基づいた教育原理を提案した『クラスはよみがえる』（野田俊作・萩昌子著，1989，創元社）が出版されました。そこで野田は競争原理に基づく学級経営と，協力原理に基づく学級経営では，学力に差が出ることを示しました。学力テストの結果は競争原理に基づいたクラスでは二極化し，協力原理に基づいたクラスでは正規分布する。結局平均得点は協力原理に基づいた学級の方が上がるのだという主張でした。

そこからさかのぼることさらに25年，1964年，東京オリンピックの年に山梨県の清哲という小さな村の小学校で実験的で挑戦的な授業がおこなわれていました。

そのあとこの取り組みがなかなか他の学校に浸透しなかったのには，「自主・自立」の名の下に，子どもたちに授業のすべてを任せすぎた，このような授業をおこなうには指導者の特別な能力が必要であり誰もが取り組めるものではない，技量のない教師が形だけまねるとたちまち学級崩壊がおこるというような，様々な要因があったようです。しかし，この授業は子どもの学

びの主体性を尊重し，協力して学ぶ「学び合い」の原点のような取り組みであったと思われます。当時にして，すでに事前事後で自己有能感の標準化されたテストをおこない，有意に差が出たことを示していたり，授業の逐語記録を分析したりと，質的，量的に先進的な研究がなされていたことには驚きです。そして，やはり協力原理に基づく授業の方が平均点が有意に向上したという結果が記されていました。

ともすると，競争を排除し，すべて協力でやらなければいけないという偏った「協力主義」や，その逆で何でも競争を持ち込み子どもをあおる「競争主義」に陥る人がいますが，競争すべき場と協力すべき場があるということをしっかりと理解する必要があります。

競争すべき場で遺憾なく力を発揮し，勝ち負けにきちんと向き合えるようにするには，協力すべき場をしっかりと経験しておく必要があるということです。そのバランスを欠いたときに，子どもたちは傷つけ合い，劣等感を強めます。

② 競争原理に傾くと

私が教員になったばかりの，ちょうど『クラスはよみがえる』が書かれた頃，先輩の先生方の教室にはたくさんのグラフが掲示されていたのを思い出します。忘れ物や，宿題忘れゼロのグラフ，漢字や計算の小テストのグラフ，給食の残滓がゼロのグラフ，等々，ノルマ達成に向けて，誰が頑張ったのか一目瞭然にしてあるのです。同時に誰が頑張っていないかを一目瞭然にしたいと考えている教師は少なくなかったのではないかと私は疑っていました。授業参観で宿題があまり出ていないグラフを見て恥をかく保護者や，それを見られて深く傷つく子どもがたくさんいました。

このグラフを使って班競争もあおられていました。「班の協力」をうたい文句に，班同士を競わせ，負けた場合はなぜ負けたのかを休み時間に話し合わせ，改善策を考えさせていました。

私はこのような空気が嫌でたまりませんでしたが，そんな私が「〇〇さんいい姿勢だねえ」「3班さん早い！　全員授業の準備ができています！」といって，子どもたちを競争で操作しようとしていました。
　このように競争原理に傾くとクラスは攻撃的な気分に支配されていきます。「〇〇さんっ姿勢を正しくしてくださいっ」「おーいっ，早くしろよお」など，子ども同士がいらだち，相互に監視し合い，ダメ出しをし合う関係が教室にネガティブな空気を充満させます。

③ 学びは競争か？

　「はい，早くできた人から鉛筆を置いて，姿勢を正してっ」こんな風に子どもを競争であおる台詞が次々と出てくるということは，私自身無意識で使ってしまっていたのでしょうか。
　学びの動機づけにはたしかに，よきライバルと競うことが有効な場合もあります。かけ算九九を覚えるとき，ちょうどよいライバルが見つかると，楽しく覚えられることもあります。しかし，この場合でも，ライバルと競うのは子どもであるということを肝に銘じる必要があります。子どもが主体的に「競争して覚えよう」と頑張っているのならば，それを止める必要はありません。また，体育の競技や様々なコンクールなど，競うことが前提であるものまで否定しては，元も子もありません。
　しかし，学びの過程に競争をあえて持ち込む必要がない場合がほとんどであると私は思っています。勝ち負けのゲーム的な楽しさが，その学びの本来の楽しさにとってかわってしまってはならないと思うのです。

④ 教師のすべきこと

　本当は，姿勢の保持が難しい子どもには，どうしたら姿勢を保っていられるか，よい姿勢で座る心地よさを指導する必要がありました。少しでもよい

姿勢ができていたら，そっとそのことを指摘し，よい姿勢を強化することもできたはずです。

授業準備に手間取る子どもには「大丈夫，慌てなくていいんだよ」というメッセージが必要でした。教師は，心から慌てずにいらだたずに待てるか試されています。でもそれができたとき，クラスの全員にこの子どももクラスの仲間だというメッセージが伝わるのです。そして一人一人が，遅れたとしてもちゃんと待っていてくれるという安心感が生まれるのです。

5 同じ船に乗る仲間

一人一人の夢は異なっても，このクラスで実現したい未来は，話し合いによって一致しています。例えば誰もが勉強がわかるようになりたいし，テストの得点も上げたいと思っているでしょう。

「そのためにあなたができることは何ですか？」と問いかけます。「勉強する」「宿題を忘れないでする」「わからないところは友達や先生に聞く」「授業中におしゃべりをしない」「積極的に意見をいう」などと様々なアイデアが出されるでしょう。自分が実現したいと思っていたことは友達も同じように実現したいと思っているのです。

また，きれいで整っている教室は誰もが気持ちのよいものです。

「そのためにあなたにできることは何ですか？」と問いかけます。「掃除をする」と子どもたちは答えるでしょう。「どのようにしますか？」とさらに問いかけます。「協力してやる」「みんながほうきをやりたがって，それがもとで喧嘩になったと聞いたけれど？」と聞けば，「順番を決めてやる」「順番を守る」と答えるでしょう。このように協力原理で貫かれた学級経営は，傷つけ合う関係から助け合ったり協力したりする関係へと集団を導きます。目標を一つにした同じ船に乗る仲間は，それぞれが競争するよりも，息を合わせた方が早く進むことを知っています。

自律した学級をつくる（第4段階）

1 自律的な子ども，学級を目指して

●第4段階

　いよいよ第4段階。自律的な学級を目指します。よく学級経営で失敗するのは，この「自律」という甘い言葉に飛びついて，まだ準備できていない段階で子どもたちに自律を迫った結果である場合が少なくありません。最後の「詰め」で自分たちで自分たちを勇気づけられる，自律的な学級をつくっていきましょう。

　私たちが理想とする学級はどのような学級でしょうか。「自由・のびのび」を標榜し，子どもたちの好きなようにさせれば，教室は混沌とし，やがては子どもたち同士が傷つけ合う場になるでしょう。では，教師が規律とけじめを最優先し，教師の思いどおりに子どもたちをコントロールできればそれでよいでしょうか。もしかしたらその教師が担任しているうちはまとまりのあるよいクラスに見えるかもしれません。しかし担任が替わり，そのたがが緩んだとたん，一気に崩れるクラスはそう珍しくはありません。
　私たちの理想とする学級は，私たちが私たちの住む家庭や地域，国や世界がそうあってほしいと願うような，自律的に自分たちの問題を自分たちで解決できる学級ではないでしょうか。自分たちの希望を自分たちの力で実現できるような学級ではないでしょうか。その理想を子どもたちと共有することは難しいことでしょうか。小学校1年生，入学してきたばかりの子どもたちは，うまく言葉で表現できないかもしれませんが，そういう理想をもって入学してくるのではないでしょうか。

アドラーははじめ，理想の社会の実現を活動家の妻とともに政治運動に求めました。しかしすぐにその限界を知り，その実現は教育と子育てによらなければならないと考えました。私は，その遺志をほんの少しでも引き継ぎたいと思います。相互尊敬・相互信頼で結びついた自律的な学級の具体的な姿はどのようなものでしょう。

❷ 理想を伝え，同意を得る

　教師がコントローラーをもち，それに上手に操られる集団は，教師に依存しています。ですから教師がコントロールをやめたとたん，集団は方向を見失います。ひとたび荒れると子どもたちは自らがよい集団をつくる主人であることを放棄し，その原因を教師や仲間に求め攻撃します。子どもたちはそのように依存的になるよう育てられてしまったのです。

　私たちは，子どもが教師に依存するのではなく，自律的に自分たちの問題を自分たちで解決できるように，自分たちの希望を自分たちの力で実現できるようになってほしいと願っています。

　小学校１年生であってもそれは可能です。子どもたちに「どんなクラスがいい？」と尋ねれば，「友達と仲良く遊びたい」というでしょう。「勉強ができるようになりたい」ともいうでしょう。

　「みんながよくわかる楽しい授業をするには，どういうルールが必要ですか」「楽しくみんなでゆったりと給食を食べられるようにするにはどういうことに気をつけたらいいですか」「きれいで気持ちのよい教室で勉強するために，みなさんにできることは何ですか」このように一つ一つ問いかけることによって，私た

ちの理想としている学級が子どもたちも同意できるものであり、その実現には子どもたちの力が必要なのだということを伝え勇気づけます。

3 教師にできることは

私たちは問いかけ、自分たちでできるように促すと同時に「〇〇は、先生にやらせてはもらえませんか？」とか「何か先生にできることはありますか？」と、サポートを申し出ることができます。例えば給食の支度をするときには、重いスープの食缶は、教師が持つ係をするのがよいでしょう。先の「みんながよくわかる楽しい授業」を実現するには教師がその授業準備にしっかりと時間をかけ、わかりやすく教える工夫が必要です。

かつて「自主・自立」の美名のもと、授業で扱う内容や進め方すら子ども自らに任せた美術の鑑賞授業を見たことがあります。ねらいも何も示されず、コの字に配置された机の中心に作品が置かれ、子どもたちは自由に見、意見をいい合うという非常に緩やかな構造の授業でした。先に挙げた清哲小学校の授業とは異なり、授業をリードする子どもも現れず、残念ながら授業と呼べるのかどうかという疑問だけが残る後味の悪い授業でした。

4 主体性を大切にするとは

アドラー心理学ももちろん、子どもの主体性を大切にします。子どもはその子どもの人生の主人なのですから。しかし、主体性が発揮されるのをただ待つのではなく、主体性を引き出すためのかかわりの工夫をします。すべてを子どもたちに任せ、腕を組んで座っていたのでは、決して主体性は育ちません。

例えば授業のねらいを明確に示したり、いくつかの方法を提示して、どの方法にするか選択を子どもに任せ、その選択の結果を検討させたりすることもおこないます。「食缶は先生が運びますが、他のものは手分けをして運ん

でほしいのですがお願いできますか」というように子どもたちに積極的に依頼します。

5 評価すること

　教育の目的に連なる目標のステップを子どもたちは登っていきます。その際，何がどの程度できているか子どもたち自身が気づくようにフィードバックしていくことは，主体的な学習や，子どもたちが主となった学級づくりに欠くことはできません。

　何を評価するかが評価規準で，どの程度できたかの尺度が評価基準です。これらを，子どもと共有することが必要だと考えています。私たちが共有している理想は「自分たちの問題は自分たちで解決できるようになる」ことと「自分たちの希望を自分たちの力で実現できるようになる」ことです。それに照らして，何を評価したらよいのか，どのような尺度で見ていき，子どもたちにフィードバックしていったらよいのか，考えることができます。

　やがて，子どもたちは自分たちで，評価規準も評価基準もつくることができるようになるでしょう。目標とそれに至る道のりが内在化されればそれは可能になってくるのではないでしょうか。やがて自分の人生を自分で歩んでいるのか，実感をもって生きることができるようになるのでしょう。

　実は，中学，高校と自立に近づくにつれ，この自分の人生を自分で歩んでいる実感が，課題に向き合い乗り越える力になります。逆に誰かにコントロールされているような感覚のままでいると，それを避けるために不登校になったり，家庭内でも同じような感覚だと，自室に閉じこもるようになったりしてしまいます。「自分の意志でコントロールできない自動操縦の車に乗っている感じ」と表現した不登校であった頃を振り返った高校生がいました。

　カウンセリングを通して，自信を取り戻したその高校生は，高校を卒業するにあたって，自動車の運転免許を取りました。自分の人生を自分でコントロールしようという意志の表れであるようにも思われました。

第3章
365日の学級経営に アドラー心理学を 生かす

アドラー心理学はどんな場面で活用できるか

1 あらゆる場面で活用できるアドラー心理学

　アドラー心理学はあらゆる場面で活用できます。決して大げさにいっているのではありません。なぜなら，アドラー心理学では私たちの問題はすべてが人間関係の問題であるという前提に立っているからです。

　また，アドラー心理学は「あらゆる場面ですでに活用されている」といい換えることもできます。アドラー心理学はとても常識的なことをいっているに過ぎないと評されることもあるほどで，ともすればアドラー心理学の中心的な技法である勇気づけでさえ，アドラー心理学を学ぶものよりずっと板についた「勇気づけ名人」がみなさんの身の回りにも多数いるのです。

　このように説明すると，それならばアドラー心理学を学ぶ意義がわからないといわれてしまいそうですが，例えば毎日見る出勤途中の風景も，ただ通り過ぎていたものが，意識をしてみると驚くほど多くの美しい風景に出会うことができますと言えば納得してもらえるでしょうか。

2 逃がした魚は大きい

　これは実際にあったことです。休みの日に，先輩のN先生と信州の川に釣りに行ったことがあります。ダムで育った大物を釣るのだと張り切って川に向かいました。川に着いてみると，案の定大きな魚がまるで鮭のように川をさかのぼり，小さな滝をジャンプして登っていく姿が見えました。

　もう，はやる気持ちで準備もそこそこにさっそく先輩をおいて釣り糸をたれました。釣り糸をおろしたとたん，びくびくびくっと大きな当たりが来て，

すぐに手元に引き寄せました。とても大きなヤマメです。でも，もう少しでタモ網に入るかというところで魚はむなしく激しい川の流れに飲み込まれていきました。
　原因は針が外れたからでした。私がきちんと針を縛っていなかったのです。ちょうど私の後ろに到着して顛末を見ていたN先生が，意気消沈している私に「佐藤さん，いい勉強になったねー」と声をかけてくれました。
　私はN先生にいわれたとおり，今の失敗から学んだことを生かし，針に糸を結び直しました。きつく，慎重に，しっかりと結びました。
　それから一時間後，私は人生最大のヤマメを手中に収めていました。
　「いい勉強になったねー」N先生は私に失敗から学ぶよう勇気づけました。
　「あらあら，ダメじゃないか，ちゃんと結ばないからだよ」そんな勇気くじきをされていたら，あとのオオヤマメはきっとなかったことでしょう。

３　なんだあのおばさん！

　私にとっての教育相談の師であった故甲斐志郎先生も，文句なく勇気づけ名人でした。
　あるときこんなことがありました。月に一度の研究会で，役場の駐車場に車を止め，先生と一緒に会場に向かおうとしたとき，少し離れたところで道を渡ろうとしていた老人（といっても，甲斐先生よりもずっと若い）の前を，中年の女性の運転する大きなワゴン車がすごいスピードで通り過ぎ，駐車場の離れたところに乱暴に止めました。
　私はついカッときて，その女性に向かって「なんだあのおばさん！」と怒りを向けました。ところがです。甲斐先生は，80歳を優に超えた年齢にもかかわらず，もうすでに道の向こうの老人のそばに駆け寄り「おじいさん，怖かったねえ」と声をかけているではありませんか。
　私は恥じ入りました。そして，仲良く談笑する二人の老人を感動をもって眺めていました。

4 アドラー心理学は専門家だけのものではない！

　N先生も，甲斐先生も，学校教育相談の専門家です。しかしこのことと，お二人が勇気づけ名人であることとは，実はあまり関係がありません。N先生は私を，甲斐先生は老人を，対等な同じ人間としてあたりまえに尊敬していたからだと思うのです。

　それはアドラー心理学の専売特許では決してなく，私たちが生きていく上で自然にもっている，人と関係を取り結ぶ感覚（共同体感覚）なのでしょう。

　アドラーは，『個人心理学講義』の中で，共同体感覚をリラックスしていて勇気があることと説明しています。この例のお二人に共通する特徴でもあります。お二人とも「所属感」「信頼感」「貢献感」「自己受容」をおもちだったからこそ，リラックスでき，本当に今やるべきことに対して「はい私はここにいます」と課題に向き合うことができるのでしょう。

　私もお二人のような勇気づけ名人になりたいものです。

5 教室に行きたがらない子どもへの支援

　こんな例があります。別室登校をしている小学校4年生のD男さんは，学習で特に文字を読んだり書いたりすることがよくできなくて困っていました。特に書く方は，漢字はおろか，ひらがなでさえ鏡文字を書いてしまうことすらありました。

　学校には書く場面がたくさんあります。学習の場面以外であっても，連絡帳や生活記録ノートに毎日必ず書くことを要求されます。

　「ちゃんと書いたか？　書いたのを見せてごらん」そういわれることが嫌で嫌でたまらなかったD男さんは，ついに，クラスに入ってみんなと一緒に学習することができなくなってしまいました。

　そんなD男さんでしたが，好きな教科もありました。図工や体育や理科と

いった，比較的書くことの少ない，体験的な活動が多い教科は好きでしたし，得意な分野もありました。特に理科で捕まえた昆虫を観察して絵を描いたり，実験したりすることは，得意でもありました。しかし，観察して絵を描いたり実験したりするだけならよいのですが，それらにも必ず，記録として文章を書かなければならない場面があります。それが嫌で理科の授業にも行くことができないでいました。

しかしある日，D男さんの，好きな理科の実験から，授業に参加するよう誘ってみようと考えた担任が「次の時間は実験だけれど出てみない？」と声をかけました。D男さんはやや行きたそうなそぶりは見せるものの，やはりその場を動きません。そこで担任は「筆箱，持っていかないで，実験だけ参加してみないか？」と声をかけてみたのです。するとどうでしょう。D男さんの表情が緩み「じゃあ行ってみる」といい，教室復帰のきっかけになったといいます。

6 あたりまえの支援をアドラー心理学のフレームでとらえ直してみる

ここまで見てきたように，アドラー心理学の活用の場は様々で，日常のどんな場面でも生かすことができるといえます。

普段あたりまえだと思っている教師のかかわりが，実はアドラー心理学のフレームでとらえ直してみると，大変なお宝であったりするのです。

そんな「お宝」，勇気づけのかかわりを職員同士で見つけあい，それらを共有することで，学校全体が勇気づけの集団となり，知らず知らずのうちにアドラー心理学をみんなで活用できるようになっているのではないかと考えます。

学級開きにアドラー心理学を生かす

●学級開きにアドラー心理学を生かすポイント
　①日常から子どもの実態をつかむ
　②家庭環境調査表，指導要領から読み取る
　③子どもとの学級目標づくり（共同の課題の設定）
　④ KJ 法の活用
　⑤家庭を目標実現の仲間にする

1　PDCA プラス A

　校長から校内人事をいい渡され，自分の担任する学級が決まったとき「学級開き」のプロローグが始まります。どのようにこの子どもたちの学級を 1 年間運営していくのか，いろいろな行事や，学習場面を想像し思いをはせるでしょう。もしかしたら生徒指導上苦戦を強いられそうなお墨付きの子どももいるかもしれません。さっそく前担任に「○○さんってどんな様子だった？」と聞きに行くかもしれません。

　学級を受け持ち，遅くとも 5 月の連休明けには「学級経営案」をつくるわけですが，これが PDCA サイクルのうちの P にあたります。しかし私は，この PDCA の前にもう一つ A（Assessment；アセスメント）を加えたいと思います。「プランを立てるには，まず子どもの実態をつかんだ上でおこなわなければならない。プランに子どもを合わせるのではなく，子どもの実態に応じてプランを構築しなければならない」そう考えているわけです。そこでまずアセスメントをし，それをもとにプランを立てていくサイクルを A-PDCA サイクルと呼ぶことにします。

2　カウンセリングのノウハウを生かす

　A-PDCAサイクルを考えたのは，学校を離れ，教育相談の現場でカウンセリングをおこなうようになってからです。

　教育相談の研修にいくつも出，アドラー心理学を学んでいた私でしたが，はじめは「この子どもと，この保護者と，どう仲良くなろう」ということばかり考えていました（もちろんそれも大切なことですが）。ある日，カウンセリングの過程について指導を受けたとき，「佐藤さんは，このケースをどう見立てたのですか？」と聞かれて，しどろもどろになってしまったことがあります。

　カウンセリングでは，相談に見えた方と信頼関係を築くのと同時に，その問題をめぐる様々な情報を収集し，ケースを見立て（アセスメントし），どのように解決を図っていくかを考えていきます。

　そして，この問題がどうなったらよいのかという，カウンセリングの目標をカウンセラーと相談者で一致させます。私自身，相談をしていて，目標の一致ができたならば，解決の山は8合目まで登ったといっても過言ではないくらいだと感じています。逆に学校に行かせたい保護者と，学校に行けといわれなくなりたいと思っている子どもというように，目標が一致しないと，問題が固着してしまってなかなか解決に向かわない場合が少なくありません。

　このような経緯で，学級づくりにおいても，まずはアセスメントが重要であると考えたわけです。もちろん，そのような考え方は目新しいものでは決してなく「学級アセスメント」という言葉は昔からありました。

③ 学級アセスメント

　学級アセスメントと聞いてまず思い浮かべるのは『Q-U アンケート』（河村茂雄　以下 Q-U）ではないでしょうか。Q-U は子どもたちの学校生活における満足度と意欲，さらに学級集団の状態を調べることができる質問紙であると紹介されているように，個や学級の状態をアセスメントし，指導や経営の方針を決め，実行していくというまさに A-PDCA サイクルに合致した質問紙であると考えられます。しかし，Q-U はいくら早くても5月の連休明けぐらいからでないととることができません。そこでまずは，自前の方法でアセスメントしていかなければなりません。

　自前のアセスメントというと，どのようなものがあるでしょう。実はもうすでに誰もがアセスメントを日常的に，あるいは定期的におこなっています。

　例えば毎朝，健康観察をします。これは紛れもなくアセスメントです。子どもの身体の状態だけでなく，心の状態も「はい，元気です」という返事から読み取っているのではないでしょうか。

　それだけではありません。学校に来る時間やあいさつをしたときの様子，授業中の姿勢や態度，テストの成績，遊びの様子やけんかの有無，給食の残し具合，掃除の取り組み方，笑い声等々，ありとあらゆる情報から，私たちは子どもたちの様子を把握しようと，常にアセスメントしているといっても過言ではないでしょう。

④ 定期的なアセスメント

　日常的なアセスメントの他に，定期的なアセスメントがあります。特に学年当初に活用できるものに，「家庭環境調査票」と「指導要録」があります。

　「家庭環境調査票」からは，その子どもの家族状況や家庭の教育方針等がわかります。特にアドラー心理学ではきょうだい順位が子どもの基本的な性

格形成に影響を強く与えると考えられていて，きょうだい順位を知ることは非常に有効です。紙幅の関係で，きょうだい順位による一般的な性格についてここでは触れませんが，「長子の多いクラス」と「末子や単独子の多いクラス」では雰囲気が違うと感じませんか？　あなたのきょうだい順位はどうですか？　どちらかというと相性がいいと感じるクラスの子どものきょうだい順位はなんですか？

　「指導要録」には学習の記録のみならず，昨年度まで，その子どもがどのような学校生活を送ってきたのかが詳しく書かれています。この情報の詰まった「指導要録」をあまり活用してこなかったと私自身反省しています。活用されるようになり意義も高まれば，次年度に生きる指導要録も一層工夫されるようになるでしょうし，一人一人の苦戦とよさの両方を職員間で共有するとてもよいツールになると思います。

　意義のあまり感じられない，やらされる仕事は多忙感を強めます。しかし意義を感じる仕事であれば，自ずと自ら取り組もうとしますし，たとえそのことで多忙になっても，多忙感はかえって軽減されるはずです。ましてや，学年当初のその取り組みが，子どもたちとのよい関係づくりにぜひ必要なものであり，効率的で実りある学級経営に役立つのであれば，積極的に取り組む価値があるのではないでしょうか。

5　目標の一致

　教育の目的は人格の完成と民主的な国家・社会の形成者の育成でした。
　アドラー心理学では，人は劣等な存在から，優越を求め，究極的には「完全」を，決して実現しないが目指し続けるとしました（だからこそ「不完全である勇気」が求められます）。また，つながり感覚としての「共同体感覚」をもち，人や自然，世界とつながって生きていこうとする感覚を育てることが必要だと考えました。
　このようにしてみると「人格の完成」は「完全」に，「平和で民主的な国

家・社会の形成者」は「共同体感覚」に符合することがわかります。

これら無限の高みと広がりをもつはるかな目標に向けて「等身大の私」としての子どもが、ほんの一歩踏み出す、その道標に学校教育目標や、学級目標があると考えます。

6 私たちはどんな学級を望んでいるのか

「みなさんは、このクラスがどんなクラスだったら、明日また学校に来ることが楽しみになりますか。こんなクラスにしたい、こんなクラスだったらいいなと思うことをどんな考えでもよいので、書いてください」このように投げかけて、学級の目標づくりをスタートします。

子どもたちがお互いの違いを認めあえるようになるまでは、他の子どもの評価を気にせずに願いが書けるように個人でブレーンライティングをさせると良いでしょう。こんな考えはおかしいかもしれないなどと考えずに思いつくまま、できるだけたくさんアイデアを書くよう励ましてください。

そして書かれたものを教師が集め、KJ法ができるように、カードに短くまとめて書いていきます。子どもからボランティアを募って、カードに書き込む手伝いをしてもらってもよいでしょう。

KJ法は、似たもの同士をまずはまとめていき、それにタイトルをつけることで、カテゴリーに分けていきますが、学校教育目標や指導重点の要点を子どもにわかりやすい短い言葉（例えば「進んで勉強する」「おもいやり」「丈夫な体」等）で表現し、カテゴリーとして示し、それに当てはめていってもよいでしょう。カテゴリーに分類されないものがだされたり、それがま

とまったカテゴリーを形成したりするのならば，そのオリジナリティを評価したいところです。

　KJ法でカテゴライズされたまとまりから，目標をつくっていきます。この作業は，できるだけ子どもの言葉を使いながら，教師の方でアセスメントを参考にしながらまとめてもよいと思います。KJ法が難しければ，どんなクラスにしたいのかのアンケートだけを採り，そこから教師が自分でKJ法をおこないまとめていってもよいでしょう。

　学校教育目標や指導重点と関連をもたせることは，私は重要なことだと考えています。それは，それらが教育の目的や目標に連なるものであり「なぜ学校に行き学ぶのか」という疑問に対する一つの答えでもあるからです。

　その目標は，子どもの身の丈に合っていますか。子どもに達成の具体的なイメージを描かせることができますか。目標の設定に子どもが参画できましたか。目標の一致を計るためにも，先に挙げたアセスメントをしっかりしておくことが必要です。目標の共有ができたら，それを教室の見やすいところに貼りましょう。

　それをみんなで見ながら，これから始まる1年間を想像してみましょう。授業中，休み時間，給食の時間，掃除の時間，日々の生活でどのように過ごしていたいか想像するのです。また，様々な行事にどのように取り組んでいるのか，想像します。具体的なイメージをもつことで実現する可能性が高まります。

　子どもたちがどのようにして，どんな目標をつくり，どんな1年をイメージしたのか，お便りに載せ，家庭にも知らせましょう。目標の実現のために，協力をお願いしましょう。

　「子どもたちはこのような学級にしたいと考えています，そのためにご家庭のみなさまにも協力していただきたいと思います。このようなことであったら力を貸せる，というアイデアがありましたら懇談会のときにお聞かせください」と家庭の協力を呼びかけるだけでなく，具体的な協力を家庭から申し出てもらうように働きかけることも大事でしょう。

3 友達関係づくりに アドラー心理学を生かす

●友達関係づくりにアドラー心理学を生かすポイント
　①できているところに注目しフィードバックする
　②輪になってありがとうを伝え合う
　③友達関係づくりのワークを行う

1 友達関係づくりは誰の課題か

　クラスの子どもたちの友達関係が良好であれば，それは教師にとっても喜ばしいことですし，学級運営もしやすくなるでしょう。しかし，友達関係づくりは子どもの課題であることを忘れ，関係づくりに介入したりすると（例えば一人でいる子どもを無理に誰かとかかわらせようとすると）かえって人間関係をこじらせる結果になりかねません。なぜなら，子どもの課題への教師の介入は，子どもへの尊敬と信頼を欠く行動だからです。

　しかしだからといって，いつも休み時間になるとぽつんと一人でいる子どもを「友達関係づくりは子どもの課題だ」といって，手をこまねいてただ黙って見ているわけにもいきません。

　その子どもはなぜぽつんと教室にいるのでしょう。「休み時間が苦手」という子どもは意外と多いものです。本当は友達と話したり遊んだりしたいと思っているのですが，どうかかわったらよいのかがわからないのです。

2 できているところに注目する

　休み時間に一人ぼっちでいる子どもであっても，授業の中では，隣の友達

と話し合いができるかもしれません。授業は構造化されているので、比較的かかわりがもちやすいのです。アドラー心理学では人生の課題を「仕事・友情・愛」の三つに分けていますが、この三つのうち、仕事の課題はもっとも取り組みやすいといいます。目的や手順、時間などがしっかりしている授業中は子どもにとっての仕事の課題ともいえ、友達とかかわりやすい時間だといえます。

　このことを応用すれば、給食や掃除の時間、朝の会、帰りの会なども、関係づくりが苦手な子どもにも取り組みやすい時間だといえ、そこで友達関係ができていることを、子どもにフィードバックするのです。できているところに注目し勇気づけることによって、友達関係への自信が育っていきます。

3　輪になって〜ありがとう

　アドラー心理学をベースにした学級づくりをしていると、輪になることが多くなります。輪には様々なメリットがあるからです。まず、輪はメンバーに対等な感覚を与えます。また、表情がお互いに見やすいので、安心感が得られます。クラスの一体感もその形から知らず知らずに感じ取ります。そして子どもは丸い形が好きです。

　では、輪になって……何をしましょう？

　輪になってお互いに感謝の言葉をいい合う時間を、1日のうちたった5分でもとると、クラスの雰囲気はがらりと変わっていきます。

　例えば「○○さんにいいたいです」（○○さんも立つ）「○○さんが、私たちの畑に大豆の芽が出ていることを教えてくれました。ありがとう」といった感じです。「○○さんが消しゴムを拾ってくれたのでうれしかったです」というような言い方もよいでしょう。教師の価値観を挟まず、平凡な「ありがとう」も気の利いた「ありがとう」もみんなうれしい感謝の気持ちの表明です。

　「○○さんと△△さんにいいたいです。○○さんと△△さんが机を運ぶの

を手伝ってくれました。助かりました。ありがとう」このように複数の子どもに対してありがとうを伝える場合もあります。輪になって「ありがとう」をいい合うことで，クラスでの安心感，安全感が高まります。

④ 意図的に友達関係づくりのワークを取り入れる

この写真は小さな規模の小学校で，1年生から3年生までの全員でおこなった『心の健康プログラム』のワンシーンです。ねらいを，1年生は「○○小学校の友達っていいなあ」2年生は「1年生に親切にできるわたしはいるかな？」3年生は「自分や友達のいいところをみつけよう」と学年ごとに設定しておこないました。

『チュンチュンキャッチ』『じゃんけんインタビュー』『バースデーリング』という構成的グループエンカウンターのエクササイズをアレンジして，おこないました。

最後の『バースデーリング』では，誕生日の順に正しく並べているかの答え合わせが終わったところで，部屋を暗くし，静かなオルゴールの音楽を流しました。そして真ん中に用意していたろうそくに火をともします。「一人一人に，生まれてきた記念の日，誕生日がありました。今日みんなと一緒に楽しい時間がもてたことをうれしく思います。そして先生はここにいるみんなが生まれてきたことをとてもうれしく思います。今日は全員の誕生日ということで，みんなでお祝いしましょう」といい，ろうそくの火を全員で吹き消しました。

⑤ 顔を見合ってのコミュニケーション

「私は人の名前を覚えるのが苦手で，その理由がこの間わかったんです。

私は人の顔を見ていないんです」これは，不登校の相談で話された高校生の気づきです。私もかねてから，全く同じことを考えており，友人関係や人間関係，それをつなぐコミュニケーションの苦手な人の多くが，相手の表情を読むことに困難を感じているのではないかと思っていたところでした。
　読むことに困難さを感じているどころか，そもそも見ていないところに困難さの原因があったのではと考えると，スマホや携帯での文字によるコミュニケーションが多くなり，面と向かって話す機会が圧倒的に少なくなった現代人の多くが，「相手の表情から情報を得る」スキルが不足していると考えてもよいのではないかと思うのです。相手の表情を見ることが怖かったり，かなりの勇気が必要であったりする子どもが少なくないのです。
　それだからこそ，意図的に友達関係づくりに必要なスキルが，遊びを通して楽しく身につくワークを計画的におこなっていくことが必要です。前ページにあげた『バースデーリング』の写真では，誕生日を言葉を使わないでジェスチャーだけで伝え合うので，相手の表情を一生懸命見てコミュニケーションをしています。こうすることで，相手の表情を見ることに知らず知らずのうちになれ，コミュニケーションに抵抗がなくなっていきます。
　また，友達とコミュニケーションすること自体に楽しさを感じる経験は，人とかかわることに対して内発的に動機づけます。

6　再びぽつんと一人でいる子どもに

　今まで見てきたように，友人関係づくりに苦手意識をもつ子どもに構造化された（時間や場所，ルール，やり方等が明確になった）場で，コミュニケーションの心地よい体験をさせることは，たとえ今は休み時間にぽつんと教室にいたとしても，いずれ友達と遊ぶ自信につながっていきます。また，誰か友達に「○○さんを誘ってあげて」と頼むのであれば，上記のようなコミュニケーションの楽しさを味わわせた上で，タイミングを見ておこなうのがよいでしょう。

学級のルールづくりにアドラー心理学を生かす

●学級のルールづくりにアドラー心理学を生かすポイント
　①論理的な結末を考えさせる
　②クラス会議でルールをつくる

1　ルールをつくり守ることで何が実現されるのか

　子どもたちと一緒につくった学級目標を見ながら，それが実現できたらどんなにすばらしい学級になるのかを話し，そのすばらしい学級を子どもたち自身の手でつくってみたいと思わないかと尋ねます。その実現のためにできることの一つとして，学級のルールづくりがあることも伝えます。

2　廊下を走るな

　学級のルールづくりを子どもたちに呼びかけるとき，はじめに必ず私自身の話をしていました。私が小学校6年だったとき，違うクラスの友達と帰る約束をしていて，長引いた帰りの会にいらだちながら，挨拶もそこそこに，教室を飛び出し，直角コーナーを曲がったところで，ステーン！　雨降りの日のしめった廊下は思った以上に滑り，頭を壁にぶつけてしまいました。ゴンという鈍い音がして，思わずうめき声を上げその場にうずくまりました。でも，友達を待

たせてはいけないと，立ち上がると今度はふらふらするではありませんか。しかし，その当時の担任はひどく暴力的な教師だったので，ばれるわけにはいかないと，誰にもいわずに，うちに帰りました。それ以降も誰にもいわず，医者にも行かなかったためもあってか，雨が降ると激しい頭痛に悩まされるという後遺症が残りました。それは中学２年の夏休みまで続きました。自業自得ともいえ，自分が気をつければよいことですが，これが単独ではなく，二人がお互いに走っていて，出会い頭にぶつかっていたらもっとひどい事故になったでしょうし，まだ体の小さい１年生にぶつかったら，あるいは危険なものを持っている先生にぶつかったら，と考えると，自分が痛い目に遭うだけではすまされません。ルールとしてみんなで守る必要があります。

　このような話をしてから「今までも，廊下は走ってはいけないといわれてきましたね。今日話を聞いて何か今までと違う考えになった人はいますか」と聞くと「今までは注意されるから少しは守ろうと思っていたけれど，誰も見ていなければいいやって思っていました。でも，今日はなぜ走ってはいけないのかがよくわかったから，今までとは違うと思います」と答えてくれました。「これから，廊下を走る人が多く見かけられるようであれば，安全な学校にするためのルールをつくらなければなりません」と話し，ルールが安全な学校を実現するために役立つということを伝えます。

3　なぜそのルールが必要なのか　～自律的に生活できるようにするために

　アドラー心理学では，自然の結末，論理的な結末，という考え方があります。不適切な行動をした結果として味わうネガティブな体験を「自然の結末」と呼びます。私の廊下での事故がその例です。それ以降，よっぽどの緊急事態がない限り，廊下を走ることはなくなりましたから，自然の結末は，私にとって不適切な行動を修正するために大変役立つ方法だったといえます。

　しかし脳震とうまで起こさなければ学べないのであれば，もっと論理的にどうなるかを想定し，不適切な行動を起こさないようにするべきでした。そ

れが論理的な結末です。この行動を続けたら，どのようになるのかという結末を予想するわけです。例えば廊下を走っての事故について，私の例を出すのもよいですが，養護教諭に聞けば，様々な例をおもちだと思います。それらの例を参考にして結末を予想してもよいでしょう。

　小学校低学年のうちから，なぜそのルールが必要なのかを考えさせ，そしてみんなで守っていくことが学校生活をよりよいものにしていくために役立つということを丁寧に指導していく必要があります。

4　「クラス会議」でルールづくり

　ルールづくりに大変有効な方法に「クラス会議」があります。クラス会議の具体的な方法については，後ほど詳しく説明しますが，ここでは，クラス会議でどのようにルールがつくられるのか見てみましょう。

　クラス会議では，まず学級で問題になったことなどが議題に出されます。議題は学級に置かれた「議題箱」に所定の用紙に書いた「みんなで解決してほしいこと」や「みんなでできるようになりたいこと」を入れられるようにします。

　給食の配膳に時間がかかり，食べる時間をしっかりととることができないという問題がありました。このことが議題に出されたので，さっそくクラス会議で話し合うことにしました。

　クラス会議では，問題の原因を追求するよりも，どうしたら問題が解決するのかを話し合います。そして解決するためにできる具体

的なアイデアを出し合います。

　子どもたちは配膳に取りかかる時間を短縮しようと考え「配膳が終わるまでは，必要以外のことは話さない」というアイデアを試してみることにしました。そのアイデアを試すために，どれくらい時間が短縮できるのかを，先生に計ってもらうことにしました。

　目標を軽々とクリアできたことはいうまでもありません。自分たちで解決したいと思った課題は，たいてい子どもたちの手で解決することができるのです。ルールとして「配膳が終わるまでは，必要以外のことは話さない」を決め，画用紙に書いて，教室の横の壁の一番高いところに貼りました。

　このようにして，解決策がルールとして決められる場合があります。それを，順に教室に掲示していくことによって，いつでも，ルールを意識化することができます。守れていることを，フィードバックすることをお忘れなく。

5 授業づくりにアドラー心理学を生かす

●授業づくりにアドラー心理学を生かすポイント
　①感覚タイプをバランスよく組み込む
　②教え合い場面で勇気づける

1 感覚タイプ

　アドラーは今から約百年前，子どもが世界を認識する「感覚タイプ」を「視覚」「聴覚」「感覚運動」のどの感覚に優位性があるかで3タイプ（嗅覚，味覚も入れれば5タイプ）に分け，その影響に言及しています（『人間知の心理学』アルフレッド・アドラー著，岸見一郎訳，アルテ，2008）。
　今でこそ，子どもの発達や支援を考える上で，認知の特性を考えることは常識となっていますが，百年前にすでに「世界像の形成に影響を与える」と述べていることに大変驚かされます。

2 あなたはどのタイプ？

　それでは試しに，あなたの感覚タイプを調べてみましょう。同僚にあなたの家から一番近いコンビニエンスストアまでの行き方を，説明してみてください（コンビニ以外でも適当な距離にあるランドマークで結構です）。
　ご同僚にはあなたの説明しているときの様子をよく見てもらっていてください。以下に挙げる，三つの特徴のうち，どれが一番顕著かをみてみましょう。
①身振り手振りを交える。「ずーっと」など擬態語を多用する。

この人は「感覚運動タイプ」優位になります。もしかしたら「やってみなけりゃわからない」「とにかくやってみなさい」などが口癖かもしれません。
②右上を見ながら、建物などの色や形を説明に加える。
　この人は「視覚タイプ」優位です。視覚的に世界をとらえ、説明も視覚的にしようとします。「よく見なさい」「ちょっと何見てるの、こっちでしょ」などが口癖かもしれません。
③「はじめに」「次に」「それから」など順序を表す言葉や、「100メートルほど直進」「三つめの信号の角を」など、論理的に説明する。
　この人は「聴覚タイプ」優位です。順を追って説明するタイプで「よく聞きなさい」「静かにしなさい」「もっと大きな声で言って下さい」などが口癖かもしれません。「読み聞かせボランティア」にいらっしゃる保護者の方もこのタイプが多いかもしれません。

3　感覚タイプのマッチングを

　あなたに感覚タイプがあるように、子どもたちの感覚タイプも様々です。あなたが聴覚優位なら、聴覚タイプの子どもは「先生は丁寧に説明してくれてわかりやすい」というかもしれません。しかし、感覚運動タイプの子どもは「先生は説明ばかりしていて、ちっともやらせてくれない」と思っているかもしれません。視覚タイプの子どもは、もう少し図や表、絵で示してほしいと思っているかもしれません。
　授業の中に三つの感覚タイプにマッチした方法をバランスよく組み込むことが必要です。特に、自分の得意な感覚タイプは、意識しないでも使いがちになるので、意識的に不得意なタイプを取り入れていくのが効果的です。
　私は感覚運動タイプ。電子黒板が導入されてからは、それを積極的に活用し、授業の流れを視覚的に示したり、絵や図、写真などをプレゼンテーションに組み込むことで、子どもたちとのマッチングをはかったりしました。前職では、校内研修の講師をたびたび担当していましたが、その際も、視覚聴

第3章　365日の学級経営にアドラー心理学を生かす　67

覚に訴えながら，ワークばかりを詰め込みすぎないように意識しています。

4 「いいでーす」「ちがいまーす」

　ある授業でのひとコマです。
　C１「○○です」
　T「どうですか？」
　C多数「ちがいまーす」
　T「わかる人」
　C多数「ハイハイハイ」
　T「おっ，元気がいいね，C２さん」
　C２「はい○○です」
　T「どうですか？」
　C多数「いいでーす」
　T「C１さんいいですか？」
　C１「（うなづく）」
　かなり誇張して書いてはいますが，このような授業がC１の勇気をくじいていることは明らかですし，多数意見がさも正しいかのような雰囲気をつくり出してしまっています。教師の「どうですか？」という問いかけに子どもが自動的に「正解か不正解か」を答える習慣が学級にできあがっていたとしたら，それは「正解しなければいけない」「間違えてはいけない」という失敗を恐れるクラスになる危険性が潜んでいると考えなければなりません。

5 教え合い場面での勇気づけ

　「お助けタイムです。早く終わった人はまだできていない，困っている人に教えてあげてください」この一見親切な教師の投げかけが「まだできていない，困っている」子どもの勇気をくじきます。本当は子どもは困っている

のではありません。まだ考えているのです。考えている最中に、2人も3人も早くできた人がやってきて、座っているその子どもに上から「これはね」と教えたら……。

教える、教えられる関係は決して上下の関係ではなく、お互いに Win-Win の関係です。教える側は、人に教えることによって自分の理解をよりたしかなものにすることができます。教えられる側はわからなかったことがわかるようになるだけでなく、自分に教える相手に実は役立っているのだということも知ってほしいものです。ですから、わからなかったことがわかったとき、お互いに「ありがとう」の言葉が出てくるようにするには、どうしたらよいでしょう。まず教師の側から積極的に子どもたちに教えてもらいましょう。そして教えてもらった際には、もちろん「ありがとう」と感謝の気持ちを伝えます。

立って上から教えるのではなく、しゃがんで教える、教えられることを必要としているかどうかを慮るなど、教える側のソーシャルスキルを教師自らが、日常的に行い、わかってもらえてうれしいと教えることの喜びを表現しましょう。教えることの喜びに満ちた教師のクラスの子どもたちは、学ぶ意欲が高まり、人を教えたくなることでしょう。

6 教師と子どもたちは課題に向き合う仲間

授業場面で教師は、子どもたちが課題解決に向かうためのコーディネーターとしての役割をもっていると考えるとよいと思います。

コーディネーターはまず課題の共有を図り、それを解決したいというモチベーションを引き出す必要があります。

行事指導にアドラー心理学を生かす

●行事指導にアドラー心理学を生かすポイント
　①行事づくりを子ども自身の手で
　②5つの段階で支援する

1　ダメなキャンプ

　ある子どものキャンプのお手伝いに行ったことがあります。そこでこんな野外炊事を目の当たりにして愕然としたことがあります。

　メニューは定番のカレーです。そのグループを担当する教師はずいぶん野外炊事に精通しているらしく，私ははじめからずいぶん指示が多いと感じていました。そもそも，野外炊事は子どもたちが自分たちの手だけでつくり上げることに醍醐味があると思っていましたし，今もそう思っています。しかしその教師は，どうも「おいしいカレーを，早くちゃんときちんとつくらなければいけない」と思っていたようです。次第に教師の指示にしたがうものの，技術の未熟な子どもたちに我慢がならなくなったのか，薪を割ったり，消えかけた火をおこしたり「にんじんはそうじゃない」と包丁を取り上げ切ってしまったり……おかげでどんどんカレーづくりは進み，まだ日も高いうちにいい香りのカレーができあがろうとしていました。

ちょうどそのとき，私は大変ショッキングな出来事を見てしまいました。その教師が「おい，味見してみろ」といってジャガイモをのせたスプーンを差し出すと，差し出された子どもが，アーンと口を開けたのです。さすがに食べさせることはしませんでしたが，教師の行動が子どもをここまで無力にしてしまうのだという象徴的な出来事でした。

　子どもはこの経験から何を学んでいたでしょう。「大人は私に指示をする」「大人は私からやりたいことを奪う」「私は無力である」「私が赤ちゃんのようにすると，大人は代わりに仕事をしてくれる」子どもは強い劣等感を感じたのではないでしょうか。最後に口をアーンと開けた行動はその子どもの劣等コンプレックスそのものです。大人の優越感を満たすために子どもが使われてしまった結果です。

　その子どもが人生の課題に向き合うときに，自分が無力であることを使って，誰かに代わりをしてもらおうとしたり，その課題から逃げてしまったりすることが強く危惧されます。その教師ほど手際よくカレーをつくれなくとも，任せればきっと違う意味でのおいしいカレーができあがったに違いありません。

２ クラスをまとめる行事，不登校を生み出す行事

　学級づくりの成否を左右するものに行事の取り組みがあるのではないでしょうか。学級としてのまとまりに欠き，決していい状態とはいえなかった5年生が，最後の最後，6年生を送る会を何が何でもやり遂げたことで，一つにまとまったことがありました。

　それとは反対に，教育相談に訪れる子どもたちの中に，運動会や学園祭が不登校のきっかけとなったという場合が残念ながら少なくありません。

　その違いはどこにあるのでしょう。違いは，その行事を通して子どもが何を学んだかということにつきると思います。

「あぁーやったー」6年生を送る会実行委員長は，最後の6年生が体育館の後ろのドアから姿を消したとき，大きな体を大の字にして，体育館の床に寝そべりました。よっぽど張り詰めていたのでしょう，彼の目に光るものがありました。それを見て私は感動と，感謝と，申し訳ない気持ちでいっぱいになりました。

　今振り返ると，私は，先の「ダメなキャンプ」の教師と同じであったように感じます。いや，それ以上に自分の（本当はたいしたことのない）有能さをアピールしようとして躍起になっていたのかもしれません。4月からとにかく「今までにない」にこだわり，工夫に工夫を重ねているつもりで前例にないものを子どもたちにやらせようとしていました。

　花壇をつぶして水田をつくったのもその一例です。社会科や総合的な学習で米づくりの大変さと収穫の喜びを味わわせたいと，朝一番に学校に行き，土を入れ替え，子どもに手伝わせ，毎朝夕水見をさせ，やれ代掻きだ，やれ草取りだ，やれ水を切れ……やらされることにうんざりしていたのでしょう。せっかくの収穫も，それほどの感動もなく，徒労感だけが残りました。

　私は「誰のために何をやっているのだ」と4月からの自分の独りよがりな張り切りに頭を抱えました。2学期の終わり，ようやく私の口から「みなさ

んはどんな６年生を送る会をしたいですか」と問いかける言葉が出てきました。子どもたちが考えた６年生を送る会は「６年生に喜んでもらえる送る会」でした。内容は幼少期の写真をスライドで見せ，それが誰であるのかを当て，在校生にインタビューしたその６年生のよいところを紹介するといういかにもよくある送る会でした。しかし，「自分たちの手で」つくる送る会は子どもたちを一つにまとめるのに大変有効に働きました。そのつながりの中で，子どもたちが「所属感」「貢献感」「信頼感」「自己受容」つまり共同体感覚を自ら勝ち取っていったのだと振り返ります。

３ やらされることの危険

　それをすることがよいことだとわかっていても，人に命令されてやらされる場合，子どもは勇気をくじかれます。例えば不登校で相談に来た子どもが「先生がハンドマイクで大声で叱るのが怖くて学校に行けない」と訴えたことがありました。その子どもが叱られたのではなく，友達が叱られたのです。
　その声を聞いて，今度は自分が怒鳴られるのではないか，先生が本当は自分にどう動いてほしいと思っているのか思いつかなくなってとても怖くなったというのです。
　アドラー心理学では「誰の課題か」ということを常に問いかけられます。この子どもの場合，自分の課題なのか，友達の課題なのか，それとも先生の課題なのか，それがごっちゃになって身動きがとれなくなってしまったのだと考えられます。行き先のわからない路線バスに飛び乗った不安感ともいえるかもしれません。「誰の課題か」の問いは，「誰の人生か」という問いと同じ意味であるととらえています。

４ 行事を一人一人の子どもの課題とするために

　行事を子どもたち一人一人の課題とするために五つの段階で子どもたちを

支援するとよいと思います。

①目標の一致を図る
　行事ありきで後付けのねらいが実施要項に書かれている場合が少なくありません。「そもそもこの行事を通して子どもたちの何を育てるのか」ということをきちんと職員間で話し合い，ねらいをとらえ直す必要があります。その上で，そのねらいを子どもたちにわかるように伝え，目標の一致を図る必要があります。

②どのような行事にしたいのかを尋ねる
　子どもたちが願っている行事を明らかにしていきます。「どんな行事にしたいか」で抽象的なものばかりが出るようであれば，逆に，「こんな行事は嫌だー」というものをあげてもらえば，目指したい行事の姿が明らかになっていきます。

③計画を立てる
　そのような行事にするために，ア，自分ができること，イ，みんなでできること，ウ，先生に手伝ってもらうこと，を具体的に挙げます。また，それらを時系列に並べて計画を立てるとよいでしょう。

④振り返りをしながら実行する
　計画を実行し，自分たちが目指している行事になりつつあるか，みんなで共有したねらいをどの程度達成できているかを振り返ります。振り返った結果を全校で知らせ合ったり，学級通信で保護者に知らせたりしてもよいでしょう。

⑤行事全体を振り返り，自己評価する
　以上の五つの段階を低学年のうちからかみ砕いておこなっていくうちに，学年があがるにつれて，計画の立て方から実行，振り返りまで，自律的にできるようになっていくでしょう。

第4章
「ほめる」→「勇気づけ」で教室を変える

「ほめる」と「勇気づけ」の違い

1 ほめるな危険？

アドラー心理学をベースにつくられた子育てを学ぶプログラム「SMILE」を受けると，今まであたりまえによいことと思っていた「ほめる」ことを禁じられます。「ほめるな危険」などとトイレ洗剤の注意書きのようなキャッチフレーズを聞くことさえあります。

それではなぜ「ほめるな危険」なのでしょうか。それはほめることによって勇気をくじかれる場合があるからです。

そこでまず，勇気づけについて確認しましょう。アドラー心理学では「困難を克服する活力」である勇気を，相手がもてるようにすることを勇気づけと呼びました。

人は勇気づけられると，共同体感覚を成長させます。この共同体感覚が育つことにより，人生の様々な局面で出会う課題や困難を克服することができるようになるのです。共同体感覚は「所属感」「信頼感」「貢献感」「自己受容」でした。

それでは例を通して，ほめることと勇気づけの違いを見ていきましょう。

2 100点とった子どもを勇気づける

例えば100点をとった子どもに「〇〇君は頭がよくてえらいねえ」とほめたとします。この出来事から，このほめられた子どもは「所属感」「信頼感」「貢献感」「自己受容」を育てることができるのか考えてみましょう。

「100点をとったときだけこの親（教師）との関係は良好だ」「よい子のと

きは認めてもらえるが……」と所属感も信頼感も条件付きなのではないでしょうか。そもそも，信頼感とは無条件です。条件付きの場合は「信用」といいます。

　また，親（教師）を喜ばせていることが貢献感かというと，それも違います。それは単に承認欲求に基づく相手に依存した感覚で，これも相手次第という条件付きなので，ひとたびしくじると，相手からばかりでなく自分自身で勇気くじきすることになってしまいます。自己受容もまた同じです。この子どもは「100点をとったときだけ自分はOKである」という誤った自己理想をもってしまい，失敗したときの自分を受容し，そこから何を学ぶのかと考える，失敗に向き合う勇気，不完全である勇気を失う危険性があります。

　そこで子どもを勇気づけるには「おーやったね。どうやったら100点とれたの？」とその子どもが笑顔なら一緒に笑顔になって喜びを共有し，なぜ100点が取れたのかと，その子どもの努力の過程に注目します。そして「毎日自学ノートで今日わかったことをまとめていたからだよ」と答えてくれたなら「なるほどそれはいいアイデアだね，使わせてもらうよ」といえば，その子どもの貢献感は否が応でも満たされるのではないでしょうか。

３　30点とった子どもを勇気づける

　それでは，算数のテストの結果が30点だった子どもの場合どうでしょう。教師としては当然，理解できていないと判断し，何らかの手立てを講じなければなりません。もちろん，30点をほめることはできません。

　わからなかったことに向き合い，理解できるまでもう一度学習するというその子どもにとっては大変困難な課題に取り組めるようにするには，勇気づけが必要です。

　勇気づけるにはまず，その子どもができているところに注目します。例えば「30点取れているのだけれど，何ができたのだっけ？」と聞けばよいのです。

第4章　「ほめる」→「勇気づけ」で教室を変える　77

「計算問題はできた」
「計算問題のところはできたんだね。どうしてできたの？」
「簡単だったから」
「え？　簡単って，簡単にできたんだ。どうして簡単にできたんだろう」
「そりゃあ練習したからだよ」
「そうなんだ，ちゃんと練習したんだね。そういえばドリルもやっていたねえ。ところで，間違えたところでも，今なら，できそうだっていうところあるかな……」

というように，できているところ，できそうなところに注目します。そして，できているところを一緒に見ながら「本当に計算問題がよくできているなあ」と感心してほめます。

え？　ほめるな危険では？　と反論がきそうですが右の図を見てください。

ほめることが勇気をくじく場合があると私はいいましたが，逆にほめることが勇気づける場合もあるのです。

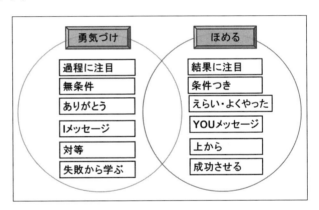

この場合のほめるは二つの円の重なるところだといえるでしょう。「ほめてはいけない」と堅くなると，かえって勇気づけのチャンスを失う場合もあるので，気をつけたいものです。

「わからないところがあったのに気づいてあげられなくてごめんなさい。わからないところがたくさんあるのに，テストを受けるのはつらかったでしょう。でも，計算問題ができているのなら，もう少し勉強すると60点はとれるようになると思うのだけれど，やってみますか？」と誘いながら課題に向き合わせていきます。

4 もしも叱ったら

　もしも30点を叱ったらどうでしょう。非常に厳しく大声で叱ったとしたら，その子どもは恐怖に動機づけられて（恐怖を避けようと）勉強をするかもしれません。非常に頑張りを見せるかもしれません。そしてできたとき，大げさに教師がほめたとしましょう。子どもはますます学習の主体性をなくし，叱られるというペナルティがなければ学習しなくなるでしょう。

　30点の子どもを勇気づけ，努力し，60点，あるいはそれ以上がとれたとき，きっと教師はその子どもに「ありがとう」をいいたくなるでしょう。学びのベクトルは双方向です。

5 ほめると勇気づけの違い

　勇気づけは子どもの努力の過程に注目します。その努力の量は無条件です。校長にむかって「えらい，よくやった」とはいえないように，ほめ言葉によっては，上下関係における褒美と同じ役割をもつことがあります。しかし，「ありがとう」という言葉には上下関係はありません。

　「あなたが頑張っている姿を見て，すごくうれしかったよ」と自分を主語にして伝えることで相手を勇気づけることができます。

　そして，失敗したときこそ勇気づけることができます。勇気づけはある意味厳しい側面があります。それは，失敗したときにがつんと叱られて謝って終わりにしないということです。叱られない代わりに，その失敗から何を学んだのかを問われます。

　教科書を忘れてきたときに「今度忘れないようにするためにどうしますか？」と聞くことが勇気づけです。あたりまえのことかもしれません。だからこそ，明日から即，勇気づけを実践していただきたいと思うのです。

自律的な行動につなげる「勇気づけ」

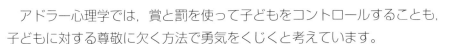

① 子どもを賞罰でコントロールすることから脱する

　アドラー心理学では，賞と罰を使って子どもをコントロールすることも，子どもに対する尊敬に欠く方法で勇気をくじくと考えています。
　例えばあなたは親友に褒美として何か贈り物を贈ることがありますか？逆に，褒美として親友から何かをもらったとしたら，どんな気分になりますか？　子どもと対等な関係を築こうとするとき，親友に同じことをするかどうかで考えることができます。
　ところで，先に挙げた勇気づけの言葉「ありがとう」ですが，これも相手の行動をコントロールしようとして発せられた場合は，勇気をくじく場合があります。例えば，子どもたちが何か行動をしたあとであなたのところに来て「ありがとう」と感謝されるのを待っているようになったとしたら，あなたの「ありがとう」は感謝の気持ちの表明というよりも，子どもをコントロールしようとして発せられた褒美として働いていたと考えなければなりません。
　賞と罰でコントロールしたりされたりとは，対等な関係ではあり得ないことなのです。賞も罰も，上下関係がはっきりしている場合上から下へ与えられるものです。例えば何かのコンクールに応募し，知事などの権威ある方から賞状と盾が贈られるようなことがありますが，立場として明らかに上の方からいただく賞があってはならないというのではありません。
　同じように親友に罰を与えたり与えられたりすることはありませんが，不正があれば法に則り罰せられることはいくらでもあります。交通違反をすれば罰金が科せられます。社会はあるものに権威を与え，上下関係をつくるこ

とによって安全で安心な社会を守ろうとするのです。

　賞罰でコントロールすることから脱して，子どもが自律的に生活できるようにするためには「尊敬」と「信頼」が必要です。例えばこの二つを欠いた関係は親友とは呼べないでしょう。少し長くなりますが，親友を例にとりながら「尊敬」と「信頼」について説明を続けます。

　例えば，親友が大きな失敗を犯したとしてもあなたは相手に対して「だめなヤツだなぁ」とは思わないでしょう。「尊敬」と「信頼」に基づく関係であれば，「彼らしくない失敗だな，何かあったに違いない」と，その失敗の背景を考えようとするのではないでしょうか。できれば相談にのりたいと思うでしょう。

　このように「尊敬」や「信頼」は無条件です。相手が何かなしえたときだけ，条件的に「尊敬」したり「信頼」したりするものではありません。条件つきでは「賞賛」や「信用」であり，ひとたび失敗すれば「軽蔑」され「不信」を買います。

　失敗したときこそ勇気づけることができるのでした。それは根底に子どもに対する「尊敬」と「信頼」があるからです。

　さて，いよいよ本題です。「尊敬」や「信頼」している相手を，あなたは自分の思うとおりにコントロールしようと考えるでしょうか。相手を尊敬できないから，信頼できないから，うまくできないと考えているから，相手を支配し，自分の思うとおりにコントロールしようと考えるのではないでしょうか。あるいは，もっと謙虚に自分の目的に耳を傾ければ，相手を自分の思いどおりにコントロールできることによって優越感を得ようとしていることに気づくかもしれません。

　教師である私たちが，このことに気づくことはとても苦しいことです。なぜなら，優劣の上下関係を利用して子どもをコントロールする方がずっと楽に保護者や同僚，上司の評価を得やすいからです。ともすれば，そういった大人の評価をそのまま信じ，子どもたちですらあなたを評価してくれるかもしれません。しかし，子どもたちはひとたびあなたのコントロールを離れた

とたん，失速してしまうのかもしれないのです。

2　コントローラーは誰の手に

　NHKのテレビ番組「ピタゴラスイッチ」に出てきた「おとうさんスイッチ」を見たことがあるのではないでしょうか。箱に，50音の書かれたボタンがあり，それを子どもが押すと，その音から始まる動きをお父さんがするというものです。この短いコーナーのおもしろさは，コントロールする側とコントロールされる側が逆転しているところにあります。例えば小学1年生が，校長先生に表彰状を贈り，校長先生がうやうやしく受け取っても，同じおもしろさがあるでしょう。

　人生のコントローラーを奪われた子どもたちがいます。例えば「ほめて育てられた子ども」は，ほめられることを人生の指針とし，親や教師にコントローラーを預けています。親や教師は「ほめる」というボタンを押し，そちらの方向に歩かせようとします。ほめられる以外の道を知らないために，ほめられることができなくなったとき，一歩も前に進めなくなってしまうのです。

　進学校に入学した高校生の中で，不登校に陥り，通信制などの高校への転学を余儀なくされる場合があります。すべてではありませんが，高校に入って，「ほめられない自分」に初めて出会い，それを受け入れることができないことが理由である場合が少なくありません。

　反対に叱られてばかり，あるいは無視されて育った子どもたちもいます。このような子どもたちは，叱られるという恐れで動機づけられて自分の行動を決めてきました。しかしこのような子どもたちは，皮肉なことに叱られることを避けるというよりも，むしろ自分から進んで叱られる道を選んでしまいます。それは，無視されるくらいなら，叱られた方がましだからです。人間の根源的な欲求は所属にあると考えるのでした。この場合，大人も子どもをコントロールできていないと感じるでしょうし，もちろん子どもも，何に

突き動かされているのかとらえあぐねています。
　自分を動かすコントローラーも，ブレーキもアクセルもハンドルも，子どもに手渡すことが「勇気づけ」です。はじめは助手席に座って，運転を見守り，いざとなれば補助ブレーキが踏めるようにしておくことも必要でしょう。しかし，アドラー心理学では，子どもが10歳を迎えた頃には，大人は助手席から降り，尊敬と信頼をもって，彼らの運転を見守ることを目標にします。

3　自律を促す「意見言葉」
　　相手にお伺いを立てさせる「事実言葉」

　10歳を自律の目標と考えたとき，私たちは日頃から「意見言葉」を使うように心がけます。例えば提出された漢字練習ノートの文字が乱雑であったとき「字が汚い！　書き直し！」というあたかも字が汚いのが事実であるかのように伝えるのが「事実言葉」です。いわれた方はその性格により，奮起してこれでもかというきれいな文字で書いてくるか，やる気をますますなくして，汚い文字で書いてくるか，いずれにしても，教師にコントローラーを握られています。
　もちろん誰が見ても乱雑な文字というのはありますが，その子どもの置かれた状況であったならば精一杯の丁寧な文字だったのかもしれないのです。「先生には丁寧に書いたようには思えないのだけれど，何かあったのかな？」と自分を主語にして，これはあくまでも自分の意見に過ぎないのだけれど，という前提で話をするのです。これを「意見言葉」と呼びます。
　その子どもはゲームに夢中になり，漢字練習の時間がとれなかったのかもしれません。だとすれば，教師は「もう少し丁寧に書いた方が覚えやすいと思うのだけれど，丁寧に書くだけの時間はとれないかな」と漢字練習の時間をとるよう提案することができます。
　「あの先生は僕のことを決めつける」といわれてしまうことがあります。そういうときは「事実言葉」を乱用しているかもしれません。「意見言葉」を心がけることで子どもとの関係改善にも役立ちます。

勇気づけトレーニング
―勇気づけがうまくなる秘訣

① 「勇気づけ」ワークショップ

　ここでは架空の事例を用いて、勇気づけを実際にどのようにしていったらよいのか、今までの内容を踏まえながら練習してみましょう。以下に挙げる応答はあくまでも私だったらどうするかという例です。参考にされて、どうすれば子どもの「所属感」「信頼感」「貢献感」「自己受容」を高め、共同体感覚をはぐくめるのか、考えていただきたいと思います。

　この本の冒頭で取り上げたＡ男さんは、授業中の立ち歩きがある小学校3年生の子どもです。普段から友達とのトラブルも多く、母親から「家庭でも手が焼ける」といわれています。

② 朝の挨拶

　さて、朝校門の前で、Ａ男さんに会いました。Ａ男さんはご機嫌らしく、満面の笑みで、でも、場違いに大きな声で「おっはようごっざいまーすっ」と変わったイントネーションをつけて挨拶してきました。さて、なんと返しますか？　もちろんこちらも笑顔で「ああ、おはようございます。うれしそうだなぁ。何かいいことがあったのかな？」と返せばいいですよね。Ａ男さんは「教えてあげなーい」というかもしれませんし、「あのね」とご機嫌のわけを話してくれるかもしれません。

　では、違う日。今度はＡ男さん、うなだれて登校してきました。元気なくこちらが「Ａ男さん、おはようございます」といっても、知らん顔です。足早に通り過ぎてしまえばそれまでですが、ただし「なんだこっちが挨拶して

いるのに返さないなんて」と感情的になるのと「何かあったのだろうか，チャンスがあったら聞いてみよう」と考えているのとでは，言葉に出さなかったとしても勇気くじきと勇気づけの違いがはっきりと現れます。前者は，Ａ男さんは挨拶もできないと決めつけられ，怒りの感情をむけられたことを感じ取ります。この怒りは，怒りを使って挨拶をさせようとする教師の勇気くじきです。後者はＡ男さんのノンバーバルな表現をきちんと受け止め，それを理解しようとしています。背中に向かって声に出さなかったとしても「あれ，何かあったのかな。よかったら聞かせてね」と見送り，その思いを感じ取ります。少なくとも否定されていない感じは確実に受け取っています。

３ 授業中

　授業が始まりさっそく「先生，教科書忘れましたー」とＡ男さんが不適切な行動で注目を引こうとします。どのように返したらいいでしょう。
　場合によっては，次のように展開されることが予想されます。
　Ｔ「あれあれ，困ったね，Ａ男さんどうしますか」
　Ａ「お隣に見せてもらいマース」
　Ｔ「はい，そうしてください」
　Ａ「先生お隣が見せてくれませーん」
　Ｔ「○○さん，どうして見せてあげないのかな？」
　隣「だって，この前も忘れてきたからもう嫌です」
　Ａ「じゃあいいよ，もう頼まないから」
　Ｔ「まあ，それじゃあ，先生のを使いなさい」
　周りの子どもたちは，なかなか始まらない授業にいらだち，この原因をつくったＡ男さんに反感を抱くでしょう。また，それにまんまと乗っかり，授業を始めない教師にも不満をもつでしょう。これが不適切な行動に対して注目を与えてしまっていることになります。Ａ男さんは教師の注目を得るということに簡単に成功してしまったので，このあと学習という困難な課題に取

第４章　「ほめる」→「勇気づけ」で教室を変える

り組む必要がなくなってしまいます。今後，教科書忘れが常習化することも危惧されます。

　では，どのように勇気づけたらよいでしょう。

　Ｔ「Ａ男さん，忘れ物は困ります。あとで，どうしたら忘れ物をしないですむか，一緒に話し合いましょう。今日はお隣に見せてもらってください。〇〇さん，Ａ男さんに見せてあげてもらえませんか」

　隣「はい，昨日もだったけれど，仕方がないので見せます。ちょっと―明日持ってきてねー」

　Ａ「わかったよ」

　Ｔ「〇〇さんありがとう。ではさっそく授業を始めます」

というように，Ａ男さんの不適切な行動に巻き込まれないようにすることが，かえってＡ男さんの勇気づけになります。〇〇さんには，Ａ男さんに巻き込まれず，授業をするのだという気迫が伝わるように，依頼をします。そして協力に感謝します。

　授業後必ず時間をつくり，必要な学用品を忘れずに自分でそろえられるようになることが，どうして必要なのかを話し合い，忘れないですむようにするために，何ができるかを考えさせます。Ａ男さんが希望すればクラス会議で話し合ってもよいでしょう。

4　勇気づけがうまくなる秘訣　〜やっぱり叱るのをやめてみましょう

　まず，子どもを叱るのをやめてみましょう。「叱る」という行為は，子どもを育てる上でなくてはならない伝家の宝刀です。でも，伝家の宝刀ですから，滅多に抜くものではないのです。しょっちゅう小言を繰り返しているのであれば，教室の雰囲気はネガティブなものになっているでしょう。もちろん，叱る行為は上下関係でおこなわれます。先ほどの忘れ物をしてきたＡ男さんに「こらっ」といわなかったのは，叱る代わりに，「忘れ物は困ります」とＩメッセージで伝える対等な方法をとろうと考えたからです。それでも，

もしも叱ってしまったのならば，なぜ叱ったのか，違う叱り方はなかったか，叱らない方法はなかったのかを考えましょう。叱ったことから，子どもは何を学んだかも考えてみましょう。よく「子どもの中には真剣に叱ってほしい子どももいるのだ」という人もいますが，真剣に叱る代わりに，真剣に勇気づける方法を考える方がなおその子どもにとって有益だと思うのです。自由気ままに自分のやりたいように子どもと接していたのでは，勇気づけ名人にはなれません。私らしさは建設的な方向には使えますが，プロである以上子どもの勇気をくじく方向では使わないようにしなければなりません。

5　勇気づけがうまくなる秘訣〜やっぱりほめますか？

　あなたから賞罰を取り除いていきます。これをされたとき，手足を縛られた感じがするのであれば，手にも足にも勇気づけという道具をもっていることを思い出してください。勇気づけが増えてくればそれにつれて，ほめることも，叱ることも自然と減ってくるのはたしかです。ただし，まずはいったん，ほめることも叱ることもやめましょう。そしてどのようなことが起こるのか冷静に観察してみてください。これは明日ご自分でできる実験だと思ってください。3日もすれば，それらをやめたからといって，それほど大きな弊害は起こらないことに気づくはずです。それどころか，ほめない叱らないあなたと子どもとの距離がぐっと近づく感じがするかもしれません。

　また，やや失礼ではありますが，あなたの学校の同僚が，ほめたり叱ったりしている様子を観察してみてください。特に，ほめられたあとの，叱られたあとの子どもの表情に注目してください。そして対象となった行動がそのあとどうなるのかにも注意してみてください。

　そして仕上げに「ありがとう」「助かる」「うれしい」を意識して使うようにしてみてください。意外なことに，「ありがとう」といっていない自分に気づく方もいるかもしれません。同僚にも，管理職の先生方にも「ありがとうございます」を日常的にいってみてください。

日常場面の勇気づけ

1 ケーススタディ

　何もA男さんばかりが，勇気づけを必要としているわけではありません。次にあげるような場合はどのように勇気づけていったらよいでしょう。これらの例も，私が想定した子どもに対しては，という条件付きですので，これがすべての子どもに当てはまるというわけではありません。あくまでも参考に，ということでお読みください。

2 「先生，黒板の○○の字，違っています」

　これには「ああ，○○さん，ありがとう。（直して）これでいいかな？」と答えればいいわけです。子どもの言い方が，たとえ馬鹿にしたような言い方だったとしても，言い方（不適切な行動）には注目せず，間違った文字を指摘するという適切な行動に，感謝し勇気づけます。

3 「先生わかりませーん」

　このようにわからないことをわからないといえるクラスであれば，学級経営はかなり順調にいっていると考えてよいのではないでしょうか。「○○さん，ありがとう。どこがわからないのか，教えてもらえますか」と依頼するといいでしょう。そして，その子どもの「わからない」が解決したとき「○○さんがわからないといってくれたおかげで，同じようにわからないと思っていた人が何人も助かったと思います。○○さん質問をしてくれてありがと

うございました」と〇〇さんの貢献に感謝したいですね。

④ 机間巡視でマンツーマンで教えるとき

　机間巡視中に，苦戦している子どもを見つけたとき，子どもの横にしゃがみ，何をどのように苦戦しているのか観察します。「お手伝いしていいですか」と聞き，自分で考えたいのか，教えてほしいのか，確認します（私はだいたい雰囲気で判断していました）。そして，どこまでできているのかを聞きます。そして，「〇〇のところまでわかっているんだね」とできているところをフィードバックし注目します。「全然わかんない……」と小さな声でいってくれる子どももいるかもしれません。そういうときは「ありがとう。じゃあ，はじめから説明し直すから聞いてくれますか？」といい，説明をします。時間がなくなってしまうような場合は「あとで時間をとって教えたいのだけれどいいですか」と尋ねます。必ず時間をつくって解決する必要があります。

⑤ 授業中の口笛

　このケースはヒューマン・ギルドの岩井俊憲先生が取り上げてお話をされていたことがありました。岩井先生の対応はその口笛の音色に聞き入り，終わったところを見計らって拍手を送るというものだったかと思います。私であればどうするだろうと考えたことがありました。やはり音色に耳を傾け「何かいいことがあったみたいだね。あとで聞かせてください。今は勉強に集中してほしいのだけれど，わからないところがあったらいってくださいね」と対応するでしょう。

⑥ 人知れず，適切な行動をしているところを見かけたとき

　その場で「ありがとう」と感謝を伝えるのもよいでしょう。しかし，そこ

第4章　「ほめる」→「勇気づけ」で教室を変える

では黙っておいて帰りの会やお便りで，その子どもの名前を出さずに，「今日１年生がイスを運ぶのに苦労していたとき『手伝おうか』と声をかけてあげている人がいました。その様子を見て先生はとてもうれしく思いました。きっとその１年生も優しい３年生になれると思います」と伝えるとよいでしょう。その子どもに「○○さんのことを紹介させてもらったよ」といいたいと思います。

7 授業が長引いてしまい，しかもグランドに集合させなければいけないとき

「授業が長引いてごめんなさい。このあとグランドに集合でしたね。素早く行動してもらえると助かります」と協力を依頼します。「そもそも，集合しなければいけないときに授業を長引かせるのがいかんだろう」と聞こえてきそうですが，それをいったら元も子もありません。このようなときにこそ，子どもを勇気づけるのです。「みなさんが協力してくれたおかげで，他のクラスの子どもたちをほとんど待たせないですみました。ほっとしました。協力に感謝します。ありがとうございました」と話します。これは意図的にやるわけではありませんが，けがの功名，失敗したときにどのように行動したらよいのかを子どもたちに示すことができます。いわずもがなですが，まず，失敗で迷惑をかけることについて謝罪します。そして次に解決策を提案し，協力を呼びかけ，協力に感謝します。

8 やり方を聞く

給食の時間，各班を回りながら一緒に給食を食べるのは楽しいものです。
運動会が終わってしばらくした頃，蜂の子をとった話をしてくれた子どもがいました。「どうやってとるの？」その一言は勇気づけの魔法の言葉です。「蜂につけるコヨリはティッシュじゃなくて梱包材を使うんだよ。その方が少しだけ重いから飛ぶのが低くて遅くなるんだ」と得意げに説明してくれま

した。おまけに現地に連れて行ってくれ，捕まえ方まで指導をしてもらいました。教員人生の中でもっとも幸せを感じたひとときです。

9 日記などへの一言メッセージ

　日記などを見たときに，どのような一言メッセージを書いたらよいでしょう。日記指導でもやはり勇気づけの原則に沿ってメッセージを書くことで，子どもを勇気づけることができます。例えば，「今日ミニバスの試合に負けてしまいました。くやしかったけれど，次は勝てるように頑張ります」という日記があったとします。これに対して「くやしさをバネに次は頑張ろうという○○さんのすがたに先生も勇気づけられました。ありがとう」と書いてみたらどうでしょう。

　勇気づけという言葉を私は「やる気や頑張りがわいてくるようにすること」と子どもたちには説明をしていました。

10 仲間や自分を勇気づける

　子どもたちへの勇気づけと同様，仲間や自分も，積極的に勇気づけましょう。いつの間にか「ありがとう」が挨拶代わりになっている職員室に気づくことがあるかもしれません。そうしたら，あなたも勇気づけ名人の仲間入りです。

5 授業中の勇気づけ

1 間違いを生かす

　子どもの授業中の発言が間違っていたときに，はたと困ってしまったことはないでしょうか。子どもが自信満々にまっすぐに手をあげて答えた答えが違っていたとき「さて，どう修正しようか，この子が傷つかないようにするにはどうしたらいいだろうか……」と戸惑う教師も少なくないのではないでしょうか。『教室は間違えるところだ！』などと大きく掲示して子どもを鼓舞しても，実際に間違われると，わかっていないのかとがっくりしてしまうのも致し方のないことです。しかし，失敗を怖れずにチャレンジするように子どもを勇気づけるには「間違いこそチャンスだ」という発想をもつ必要があります。

2 「60秒の半分は16秒？」

　実際にあった例です。小学校5年生に分数を指導していたとき「今からストップウォッチで時間を計るので，目をつぶって1分つまり60秒の半分，2分の1だと思ったら手をあげてください」と問いかけました。すると，計り始めてすぐ，ほんの16秒で手をあげた子どもがいました。他の子どもたちはだいたい30秒近辺で手をあげました。16秒で手をあげた子どもに何秒で手をあげたのか尋ねると「16秒」と答えました。ぴったりです。でも，60秒の半分がわかっていないのかと思い戸惑いました。
　そこで，どうしてそう考えたのか聞くと「60の反対だから」と答えたのです。なるほど，60の反対だから半分を反対と聞き間違えたのでした。「聞き

違いだったけれど,実は反対の数ってあってね,逆数っていうんだけれど,60の逆数は60分の1なんだ。来年勉強するから,今日のこと思い出してくださいね」と話しました。

　正解であっても不正解であっても授業中の発言が大切に扱われ,それが新たな学びに生かされる経験,これは「失敗から学ぶ」ように子どもを勇気づけることになります。手を挙げるんじゃなかった,こんな風に思われたら,学力の三要素の一角,学習意欲は確実に失われてしまいます。

③ 理科の実験で勇気づけ

　このような例もあります。小学校4年生ではものを温めると温められたもののかさが増えるという学習をします。最も変化の多いもの順に,空気,水,そして鉄の順で学習していきます。私が見た授業ではいよいよ鉄を温めるとかさが大きくなるかを実験でたしかめる場面でした。実験は鉄の輪をぎりぎり通る鉄球を熱したあと,鉄球が通らなくなることから,鉄も温めればかさが増すことがわかるというものです。

　「この鉄の玉をバーナーで熱すると,輪を通るでしょうか」教師が実験の予想をさせました。すると元気のいいC男さんが手をあげ「鉄の球は熱しても輪を通ると思います」と答えました。すると教師は「すぐに手をあげて意見をいってえらいねえ。でも,空気や水はどうだったかな?」と聞いたのです。教師としては空気や水のかさが増したことを思い出させ,正解に導こうと考えた上での助言でした。しかし,そのときC男さんの表情からは笑顔が消え,反対にふてくされたように席についてしまいました。代わりに勢いづいたのは,正解を知っている子どもたちです。一斉に手が上がり,指名された子どもが「空気や水と同じようにかさが増して輪を通らなくなります」と模範解答を発表しました。C男さんは大きなため息をつきました。

　そもそも教師は予想を聞いたのであって,正解を聞いているのではありません。しかし子どもの間違いを修正しようと慌てて,「誤った予想をし,誤

りに気づき，悔しさを乗り越え，誤りを受け入れ，修正し，正しい理解を手に入れる」という，その子どもの学びの課題を奪い，正解に導くような質問をしてしまったのです。このような過程を経て正しい理解に到達できるであろうというその子どもへの信頼を欠いた教師のかかわりからその子どもは何を学ぶでしょう。「私は失敗をしてはいけない」「私は問題解決能力がない」などといったネガティブな自己イメージができあがってしまうのではないでしょうか。

　失敗や間違いをほめることはできません。しかし，失敗したときこそ，勇気づけのチャンスです。では，C男さんをどのように勇気づけたらよいでしょう。

4　復唱と質問で勇気づける

　意外としているようでしていないコミュニケーションスキルに「復唱」があります。その子どもの発言をただそのまま繰り返すということですが，普段の授業を録音し逐語をとってみると黒板に書くときに確認のために復唱することはあっても，例えば「鉄の玉は輪を通ると思います」「鉄の玉は通る……」と繰り返す復唱がほとんどないことに気づかされます。

　そう，この理科の場面は実験へのモチベーションを左右する重要な局面「教育的瞬間」と呼べると思います。そこで復唱で子どもの発言を受容するのです。「あなたは○○のように考えたんだね。そのことをしっかりと受け止めたよ」という思いを込めて「鉄の玉は輪を通る……」と復唱するので

す。C男さんは，自分の発言を聞いてもらえた，先生とつながったと感じることができるのです。

　この応答は，C男さんが自分の意見に対して，それが正解であってもなくても，責任をもつよう勇気づけます。それに続けて「なぜ，そのように考えたのですか」とさらに根拠を尋ねます。「鉄は固いから」と答えるかもしれません。「なるほど，あの固い鉄がアルコールランプで温めるだけでほんの数ミリであっても大きくなるなんて信じられない」と素直に共感できるのではないでしょうか。この一連の対話を聞いて，「通らなくなる」と考えていた子どもたちが手を挙げたくてうずうずしていることでしょう。

　「今，二つの対立する意見が出されました，いよいよこれから実験でたしかめてみたいと思います」と実験へのモチベーションはいやが上にも高まります。

5　失敗をさせてはいけない子ども

　注意しておきたいのは，自閉症スペクトラムの子どもたちの中に，失敗をトラウマティックに記憶し，失敗経験が重なると，学習や学校そのものが嫌になってしまう子どもたちがいることです。

　今まで述べてきたように，失敗が取り返しのつかないものではなく，失敗から学ぶことがたくさんあるのだ，失敗こそ大切な学びのチャンスなのだという体験を少しずつ積み重ねることで，ある程度そのような問題は防げるのではないかと思っています。

　しかし，上記のような診断を受けている子どもや，失敗に対して顕著な反応を示す子どもがいる場合は，保護者や医療機関，スクールカウンセラーなどと連携をしながら個別の支援を工夫していく必要があると思います。

トラブル場面の勇気づけ

1 トラブル場面でこそ勇気づけを

「およそ問題というものは人間関係の問題である」といわれるように,問題は人と人との間で生じ,人と人との間で解決していきます。だからこそ,トラブル場面でこそ勇気づけが有効に活用できます。

2 まずは共感から

「共感」というと,「受容・共感・自己一致」を説いた,カウンセリングの祖,ロジャーズのものであると考える方も多いかと思いますが,実は,アドラーもまた共感を重視し「相手の目で見,相手の耳で聞き,相手の心で感じること」と定義づけています。今では,カウンセリングといえば共感的理解抜きには語れないほど,基本中の基本である技法であり態度であるといえますが,心理学の重要な概念として共感を取り上げたのはアドラーがもっとも古いのではないでしょうか。

そしてトラブル場面で,大変役立つのが,この共感です。さらに教師がトラブル場面でもっとも苦手とするのもまたこの共感です。

教師は指導的な立場にあることから,どうしても,事柄の善悪を判断し,それに基づいた,例えば

「謝る」という落としどころを用意してトラブルの解決を見ようとします。そのようなときに，特にトラブルの中でいったん「悪」とされた子どもの立場に立って出来事を見，なるほどそういうことだったのかと理解してしまうとまるで悪を容認してしまうような気がするのです。

そしてそれを反射的に避けるためにも，事実を連ねて「悪いものは悪い」とつけいる隙を与えないように構えてしまうことが多いのです。しかしそもそも，人間関係のトラブルは，犯罪のように明らかに一方的に悪が決まる場合も中にはありますが，学校でのトラブルの多くは，どちらにも一理あり，善悪を決め，そして謝罪で解決するような問題の方が少ないといってもいいでしょう。そして，トラブルにかかわる当事者たちへの共感抜きで，行為の善悪だけで指導することは大変危険な場合もあるのです。

3 わかってもらえない 〜教育相談担当の教師から聞き取ったケース

その子どもの口癖は「あの先生はわかってくれない」でした。ある子どもたちは感情のコントロールが苦手なその子どもの短所に目をつけ，自分が悪くならない程度にその子どもを刺激し，最終的にその子どもが我慢ならず，キレ，暴れ「暴力をふるったおまえが悪い，謝れ」で片付けられるよう仕向けてきました。「いつも悪いのは俺」というのもその子どもの口癖でした。

この子どもをどう勇気づけたらよいでしょう。

4　わかること

　この子どもは「あの先生はわかってくれない」というのでした。まずしなければならないことは，「あの先生」かあるいは「あの先生以外」にこの子どもがどのように世界を見，どのような気持ちでいるのかを理解してもらえるようにすることでした。

　その子どもは「あの先生以外」を選びました。「校長先生ならわかってくれそうだ」といったそうです。校長先生は文字どおり虚心坦懐にその子どもの話を聞きました。正しいけれど嫌みな言葉で追い詰められ，最後に決まってキレてしまうことや，暴力をふるってしまう自分が嫌で仕方がないということ，それらがみんな我がことのように校長先生には腑に落ちて理解することができたのだそうです。「あいつらの顔を見るのも嫌だ」それも無理はないと思ったそうです。

　これが「わかる」ということだと私は思います。そしてもっとも強力な勇気づけが，わかることであると私は思います。

　「このままいくとキレて暴力になりそうだと思ったときは早いうちに，いつでも校長室に来なさい」そう校長先生はその子どもにアドバイスしたのだそうです。その子どもはわかってもらえた自信に支えられてか，おちょくる相手にかまわずに教室にいることがで

き，追い込んでいた子どもたちもつまらなくなり，そのあとトラブルはなくなったそうです。

「あの先生」と呼ばれた担任は，その子どもが校長を選んだことも，キレそうになったときには校長室に避難することもちゃんと受け入れ，力を借りる勇気をもった担任であったと私は思いました。また，このケースをコーディネートした教育相談担当の教師がどの子どもも教師も悪者にしないというスタンスでかかわった成果だと私は話を聞いて感じました。プライバシーの保護のため，校種など明らかにせず，内容等，趣旨が変わらないよう変更してあります。

5 トラブル解決は子どもの手で

上記のように，大人の手を借りることで，トラブルの解決に至ることが「自律」に反するかというと，そういうことではありません。ちゃんと大人に助けを求められ，大人の助けに頼ることも子どもの主体的な問題解決の一つであると考えなければなりません。上のケースもそうですが，いじめなどの深刻なケースについては，防止のための法律（いじめ予防対策推進法）があることや，どのようにして大人は子どもをいじめなどから守ろうとしているのかを説明し，助けの求め方について系統的に指導していく必要があると考えています。いじめについてはあとで詳しく述べます。

しかし，何でもかんでも，トラブルの解決を大人に頼るのではなく，自分たちで解決できる問題は自分たちで解決していくことも必要です。そのためには，クラス独自の，あるいは学校独自の「解決のホイール」をつくるとよいでしょう。（次ページの図）

この解決のホイールは，クラス会議で話し合って決めるように，教師から提案します。

例えば，クラス会議の議題が目白押しで，話し合う時間がもてないような場合は，クラス会議に議題を出す前に，解決のホイールを使うように勧めま

す。この解決のホイールは、4年生を受け持ったときにつくったものですが、「時間が解決」や「その場から離れる」が子どもたちによく採用される解決方法でした。欄外の解決策は、そのあと思いついた解決策を書き加えていったものです。

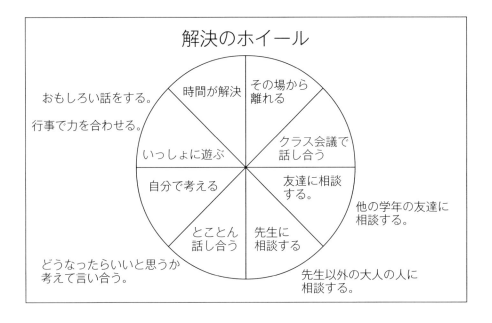

第5章
教室に共同体感覚を はぐくむポイント

共同体感覚とは何か

1 共同体感覚はつながり感覚です

　「共同体感覚はつながり感覚です」このシンプルでわかりやすい定義に沿って，考えていきましょう。そして，晩年のアドラーが視野に入れていたとされる，宇宙全体にまで広げた共同体感覚を「コスモロジーの心理学」としてまとめ，それが，現代の若者を勇気づけるという，岡野守也先生の理論も交えながら進めていきたいと思います。

2 日常の呼吸から

　ゆったりと呼吸をしてみましょう。生きることは息ることだといいます。
　今吸った空気のうち，肺から体内に取り込まれるのは酸素です。酸素はどこかの工場でつくられたものではなく，植物の葉裏の気孔から吐き出されたものを私たちはいただいています。もしかしたらグランドの隅で地面にへばりついて葉を広げるタンポポがつくった酸素なのかもしれません。
　私たちが吐き出した二酸化炭素は，やはり植物があるいは葉緑体をもつプランクトンが受け止め，取入れ，炭素を身体の一部に代え成長し，残りの酸素はまた吐き出されます。もしかしたら，遠い南の島の椰子の木があなたの吐き出した二酸化炭素をキャッチし，その炭素をその果実のほんの一部にするのかもしれません。
　私たちと植物はこのようにつながりの中で生きています。だから，木々の緑の中を歩くとほっとするのです。森では少なくとも「生きる＝息る」ことを約束されます。緑は生きてよいという青信号だともいえるのです。

私たちは「孤独」を感じることはあっても全く「孤立」して生きることはできません。

　ここに1枚の星空の写真があります。この場所は福島県裏磐梯の小野川湖。私はこの湖畔でおこなわれた「みどりの東北元気キャンプ」に参加しました。そこで見た星空は全くこの写真のとおりで、くっきりと天の川が縦に流れているのが見えました。これは銀河の縁。私たち地球のある天の川銀河が全宇宙のほんの一部であることをご存じでしょう。

　さて、この宇宙は今から138億年前に誕生しました。誕生の瞬間ビッグバンの前は10のマイナス23乗センチメートルの小さな小さなエネルギーの粒だったんだそうです。全宇宙が、エネルギーとして一体だった。現代の科学ではここまでがわかっているのだそうです。私たちはもともと一体であった。これは科学的に見ても事実だということがわかります。

　そして、そのエネルギーがビッグバンをおこし、宇宙が誕生しなければ、今の私はあり得ない。138億年前に私という存在の準備が始まったことも紛れもない事実です。途方もない長い年月が私の命につながっていることを、星空を眺めながら感じたものです。

3　Big Question

　夏休みのある日、車を運転しているとカーラジオから「夏休み子ども科学電話相談室（NHK第一）」が流れてきました。どんな質問が流れてくるか

と思っていると，小学校2年生の女の子が次のような質問をしました。
「今日の質問はどんな質問かな」
「なんで，生き物は死んじゃうんですか」
「どうして，そう思ったの？」
「おばあちゃんも，カブトムシの幼虫も死んじゃったから……」
いかがでしょう。この質問にあなただったらどのように答えますか？　このような，大人もどきっとするような，生きることの意味を問う根源的な質問が，子どもからぶつけられることはないでしょうか。
なぜ死ぬの？　なぜ勉強するの？　なぜ戦争が起こるの？　なぜ生きるの？
こういった質問を Big Question と呼びます。
このあと，電話相談員の中村桂子先生は，38億年前生き物は分裂して増え，死ななかったこと。雄と雌ができて死ぬようになったが，おばあちゃんの命は〇〇ちゃんの中で生きていること。ずっと命はつながっていること。だから思いっきり楽しく生きてほしいと話されました。
きっとこの小学生はほとんど理解できなかったのではないかと思います。しかし，この小学生の中で芽生えた「なぜ死ぬのか」という Big Question は人生の問いとなり，その答えを求めて学び，成長するだろうと確信しました。
私たち教師は，つながりの中で生まれ，生き，死ぬこと，全体を通してそこに意味があることを子どもたちに伝える役割をもっているのではないかと思うのです。日々の学びから，人や世界や自然や宇宙とつながっている感覚を，味わい，身につけていくこと，それが醍醐味であり使命であると思うのです。
子どもたちの学びの先に「私たちは物に過ぎない」「死んでしまったらおしまい」「楽しくなければ人生じゃないし生きる意味もない」といった結論が待っているのだとしたら，学びもずいぶん色あせたものになると思うのですがいかがでしょう。

4　共同体感覚に触れる教材

　小学校5年生の算数の授業で先祖の数を計算してみてもおもしろいかもしれません。誰もが親は2人いるので、それをそれぞれ倍々と増やしていくと、30代さかのぼれば、10億を超える数の先祖がいることに驚かされるでしょう。圧倒的な数のつながりの中に私たち一人一人の命があることに気づかされます。

　小学校4年生の教科書にも掲載されていた「ぼく」（木村信子）という詩はたった一人のちっぽけな「ぼく」の中に、壮大な宇宙を見つけだす、勇気づけの詩だと思っています。また、中学校の合唱でよく歌われる曲に

「COSMOS」（ミマス）があります。曲の美しさもありますが、その歌詞はまさしく、百億年の宇宙の歴史が私の中にあることを歌っています。

　アドラーは「人間の究極の目標は完全であること」としています。決してたどり着くことのない「完全」は「人格の完成」と読み替えることができるでしょう。その高みに登るリュックの中身が「所属感」「信頼感」「貢献感」「自己受容」、つまり共同体感覚なのです。

子どもの社会性を育てるアプローチ

1 つながるために必要なこと

　共同体感覚は「所属感」「信頼感」「貢献感」「自己受容」でした。これらが欠けたとき，子どもたちは様々な問題行動を起こします。それは Still Face の実験で赤ちゃんが示したむずかりや叫び声，泣きわめきと同じであると考えることができるでしょう。行動の目的はつながる，すなわち所属です。

　つながりを失うことを恐れたとき，不適切な行動を通してでも，自分に注意を引きつながろうと画策するのです。例えば近所の田んぼの水を抜いてしまったり，空き家の塀にクラスの友達の悪口を書き連ねたり……。新美南吉の「ごんぎつね」の悲劇はまさに孤独なこぎつねの人とつながるための努力が伝わらなかったところにあるといえるでしょう。いくら思いがあっても，それを伝える方法，スキルを持ち合わせなければ，生きていくことすらできないのです。

2 不登校にカウントされない問題

　不登校にカウントされない問題に，別室登校があります。教室には入れず，保健室や会議室，図書室，空き教室などに通う子どもは，不登校ではありませんから，正確な数は把握されていません。多忙を極める学校現場では，教室の子どもの他にその子どもに個別的な支援をすることは大変困難です。学習の保証も心配です。学校には行かなければならないとは思うのだけれど，友達や先生とかかわることができない。そのような子どもが少なくないのです。社会性を育てるというテーマを考えるとき，そのような子どもを例にと

ると説明しやすいので，ここからは，別室登校になった子どもを例に進めていきたいと思います。

③ ライフスタイル

　人とつながることがとても上手な子どもがいます。逆に，なかなか人と関係をつくれなかったり，つながり方を間違え，かえって人間関係に傷ついたりする子どももいます。

　その違いはどこにあるのでしょう。アドラー心理学では，人の生き方の傾向，癖のようなものをライフスタイルと呼び，人生の初期（日本ではだいたい10歳くらい）までに形づくられ，その人の人生のテーマとなり続けるといわれています。

　ライフスタイルはどのような「自己像」「世界像」「自己理想」をもっているかによって決まってきます。例えば過保護，過干渉の子育てによって自分を「非常に弱い」ととらえ（自己像），「人々は自分を傷つけ，世の中は危険だ」と思い（世界像），「自分は守られるべきだ」という信念（自己理想）をもった場合，その子どもは弱さや無力さを使って，人に世話を焼かせようとするかもしれません。その方法は，家庭では通用しても教室では通用せず，つながり方を間違え，人間関係に傷つき，教室に入れなくなるかもしれません。

　そのような子どもが別室登校を続けていました。どのような支援がその子どもには必要でしょうか。

④ あきらめない

　教室にいないその子どもにどのようにアプローチしたらよいのでしょう。この子どもは教室に「入れない」のであり，本当は「普通にみんなといられること」を望んでいます。しかし，教室の友達を肯定すると，そこに行けな

第5章　教室に共同体感覚をはぐくむポイント

い自分を否定しなければならなくなることから，教室の友人の悪口をいいます。それを「だからおまえはみんなとうまくいかないのだ」と責めて，はいわかりましたと改善するとはとうてい思えません。

　また，そもそも家庭の過保護，過干渉がいけないと家庭を責めてもこの子どもの社会性は育ちません。この子どもに必要なのは共同体感覚です。それを少しずつ育てるのです。そのためにこの子どもとつながることをあきらめてはいけないのです。

5　良質な二者関係をつくれ

　この「良質」は単に仲がいいということではありません。そこにルールと親密さのある，相互尊敬，相互信頼の関係があるかということです。そのためには「教室に戻さなければ」という考えをいったん棚上げし，その子どもとよい関係をつくることに集中します。

　はじめは，自分を肯定するために友達だけでなく担任も否定するかもしれません。別室，例えば空き教室のドアを閉めて，中に入れようとしないかもしれません。

　「中に入れてほしいなぁ，だめかなぁ……もう教室に行かなければならない。ここに○○さんだったらできそうな課題を置いておくけれど，よかったらやっておいてくださいね」というように，課題でも，あるいは短い手紙でもかまいません。つながる努力を誠実に続けているうちに，会うことができるようになっていきます。

6　気をつけなければならないこと

　このような子どもとかかわる先生方に，私はよくブレーキの話をさせてもらっています。スキーでも車の運転でも，ブレーキのかけ方を知らないうちには滑ることも運転することも恐ろしくてできないはずです。

このような子どもたちにかかわるとき，よく見聞きする光景に「ここまできたのだから，教室をちょっと見ていこう」「ここまできたのだから，教室に少し入ってごらん」などと，効きの悪いブレーキのように，徐々に教室内に引っ張り込まれてしまうというのがあります。
　本人が「いやだ」といえばよいのですが，中には平気な顔をしてそれをやってのける過剰適応の子どももいます。そのような子どもは家に帰って大騒ぎをし，翌日登校すらできなくなってしまう場合があります。
　そのようなことがあると，今度は教師の方が怖じ気づいてしまい「どうかかわったらよいのかわからない」と訴えてくることがあります。また，全く働きかけをやめてしまうこともあります。
　問題なのは働きかけをするかしないかではなく，どう働きかけるかです。
　このような子どもたちは共同体感覚の四つの要素のうち特に「信頼」で傷ついている場合が多いと思います。ですから，子どもの信頼感を高めるような働きかけをするのです。それは，アクセルもブレーキも子どもに手渡すことが先決です。

【7】子どもに選択肢を示すこと，選ぶこと，やめること

　アクセルとブレーキを手渡すとは，子どもに選択肢を示すことから始まります。別室にこもり，コンタクトを避けられてしまっている場合でも，ドアの外に小さめの机を置き，「ここに課題を置いておくからね，よかったらやってください」というように，やるかやらないかは，子どもの選択に任せます。やってくれたらうれしいですよね。「ありがとう」と自然と言葉が出るのではないでしょうか。
　徐々に担任との関係がもてるようになってきたとき，その子どもと相性がよさそうな友達に，休み時間に遊びに来てもらうようすることもよくやる方法です。そのときも，「来てもらうとしたら誰がいい？」というように，本人に選ばせます。そして，遊んでいて無理そうだったら，途中でも遊びをや

められるようにします。遊びに来てくれる友達にもそのようになっていることをしっかりと理解しておいてもらいます。

　帰りの会だけ，教室にきて明日の予定を書いてから帰ったり，給食の時間に一緒に食べる人を決めたりと，ここからの工夫は，担任や友達とのかかわりの中で自然とできてくるのではないでしょうか。

8　関係ができたらしたいこと

　教室復帰を意識し始めると，「あの教室でやっていけるように」といろいろと準備を始めます。自己評価の低さから，教室の友達をあえて低くいうようなことも見受けられます。例えば，教室の前に飾られている絵を見て「下手だなぁ」といったりします。それは，自分の方が優位でないと不安でならない気持ちの裏返しです。

　歴史好きの子どもなら武将の話を盛んにするかもしれません。空手やボクシングなど格闘技を始めるかもしれませんが，決してクラスの子どもたちとけんかをして勝とうとしているわけではありません。ただ，自分を強いと思いたいのです。それだけ自分を弱いと思い込んでいるのです。

　毎日でなくても，また短時間であってもよいので，担任と二人で過ごす時間があるといいと思います。そこでその子どもを勇気づけながら，友達に対して優位にならなくても大丈夫であること，友達は競争や勝ち負けの場面があったとしても，それはその場だけのことであり，仲間であることを伝えていきます。

　また，教室はそれほど怖いところではないけれど，理想の場所とも違うことも伝えておかなければなりません。いやなことをいったりされたりすることも絶対ないとはいい切れません。そのようなときに怒りや悲しみの感情が起こったらそれにどう対処するかも一緒に考えたり，提案したりしておくことが必要な場合があります。

9 感情をどう扱うか

　感情，特に怒りの感情をどう扱うかは，社会性を育てる上でとても大切です。アドラー心理学は，感情はわいて出てくるものではなく，ある目的に沿って使うものだとされています。アドラー心理学が「使用の心理学」ともいわれる所以です。

　例えばキレやすい子どもの怒りの感情はどうでしょう。もしかしたら大人と同じように，怒りを使って相手をコントロールしようとしているのかもしれません。しかし，それは大人のようにうまくいかないので，キレたら最後は泣きわめくか，その場を去って教室の隅やグランドの隅でうずくまり固まるのかもしれません。

　怒りの感情の対処の仕方は暴力につなげないことです。泣きわめいたり，隅に行って固まったりするのならば，それはその子どもなりの対処だと評価できます。「暴力でぶつけないで，ちゃんと我慢できたね」といって認めることも大切です。その上で，怒りを使って何がしたかったのか，何を主張したいと思っていたのか，冷静になったときに聞き出します。怒りを使わずにそれを表現するとしたらどのような表現があるのか一緒に考えるようにするのです。

　怒りは二次感情だといわれます。怒りで表現している別の感情がその裏に隠れているのです。例えば悔しさであったり，寂しさであったりします。それを聞き出し共感することも必要です。

　感情の対処については，別室登校をしている子どもに限ったことではありません。他の子どもたち全員に役立つ学習ですし，私たち教師にとっても感情のコントロール法はぜひ学んでおく必要があることです。

クラス会議で共同体感覚をはぐくむ

1 解決のために何ができるのか

「先生〇〇さんが掃除中遊んでいて困ります(①)」このような訴えを聞いてどのように返答しますか。

例えば私は次のように返答し,解決策を一緒に探ります。

T「そう,〇〇さんが掃除中遊んで困るんだね。そりゃあ困るだろうなぁ。腹も立つでしょう……よくいってくれましたね。(②) ところで,どうなったらいいと思いますか?(③)」

C「〇〇さんが遊ばないで掃除をするようになるといいと思います」

T「今までそのためにどうしていましたか?(④)」

C「掃除ちゃんとしてよっていいました」

T「うまくいきましたか?」

C「全然聞いてくれない」

T「〇〇さんに掃除をさせたい? それとも〇〇さんと掃除をしたい?(⑤)」

C「〇〇さんと掃除をしたいです」

T「そのためにどうしますか?」

C「一緒に掃除をしようって誘います(⑥)」

T「そういわれたら,一緒に掃除しようかなって思うなぁ,一緒に掃除したらなんていう?」

C「今日は早くきれいになったよ。ありがとうっていいます」

T「そういわれたら,明日も掃除しようって思うなっ」

T「でももしかしたら,一緒に掃除しようって誘っても,掃除しないでまた

遊ぶかもしれないな。そのときは、ちゃんと掃除してよっていっていたときとちょっと〇〇さんの様子が違うかもしれないから教えてくださいね。(⑦)」

と、以上のように対応します。これは一般的なクラス会議とは違いますが、子どもと私との二人だけのクラス会議です。クラス会議のエッセンスが全部この対話に入っているのです。詳しく見ていきましょう。

①は、「困ります」といって、あわよくば、担任に叱ってもらって〇〇さんに掃除をさせようと考えていることが推察されます。だからといってそれはあなたの問題でしょう、自分で解決しなさいともいえません。そこで②のように「困っている」という感情を共感的に理解します。自分だけ一生懸命掃除をしているそばで、ちゃらんぽらんに遊ばれていたら腹が立つのも当然です。その子どもになったつもりで、そのときの気分をしっかりと味わいます。そうした上で③のように解決のイメージを想像してもらい、それを共有し目標の一致をはかります。

④は、解決のために今までしていたことを聞きます。それはその子どもがきっと解決のために何かしてきた、あるいはしようとしてきただろうと考えたからです。⑤はやや誘導的に思われるかもしれません。しかし、アドラー心理学では「誰の課題か」を明確に分けます。〇〇さんに掃除をさせるというのは〇〇さんの課題に踏み込むことになります。だから、この子どもは「ちゃんと掃除をして」と依頼をしたのです。それでもその依頼に答えてもらえなかったので今度は「一緒に掃除をしよう」と誘う方法を思いつきます(⑥)。

すぐに飛んでいって、〇〇さんを叱り、掃除をさせていたとしたら〇〇さんと協力して掃除をするというこの子どもの課題を教師が取り上げて代わりに解決してしまうことになります。解決を志向しますが、解決は子どもの課題です。子どもが子どもの課題を自分で解決できるように勇気づけていくのです。

それでもうまくいかない場合もあります。それで解決をあきらめないよう

に⑦のように次につなぎます。

2 クラス会議の実際

このような対話で、解決策を探る仲間として、教師と子どもが協力できるのも、クラス会議を通して、子どもたちが問題解決の技術や考え方を学んでいるからなのです。

クラス会議は次のようにおこなわれます。
①輪になる

子どもたちと担任が対等な関係で、解決に向けて協力する仲間であるというシンボルとして、輪になることが重要です。この考え方が定着してしまえば、輪になる必要はありません。

あとであげる、議題を出した子どもも、問題にかかわる子どもも、みな同じ輪の一員になります。誰かが特別に輪の中に入ったりはしません。

はじめは、輪をつくること自体が学級を協力して課題を解決する集団にするためのワークになります。例えば「今からイスだけで教室に全員で一つの輪をつくってほしいと思います。できるだけ早く、でもクラスの仲間を大切にしながら輪をつくります。何分でできると思いますか」このように目標を立てさせ、実際に、目標どおり輪ができるか挑戦させます。目標よりも早くできたならば、なぜ早くできたのかを尋ねます。目標を達成できなかった場合は、もう一度やり直し、どうしたら目標をクリアできるか話し合い、再度挑戦します。

このような過程を経ることで、知らず知らずのうちに、子どもたちは解決

に向けてアイデアを出し，そのアイデアを実際に使って課題解決を図るという，協力関係を学んでいきます。

「みんなが知恵を出し合い，協力し合うことで時間内にきれいな輪をつくることができました。先生が一番うれしかったのは，みんながクラスの仲間を大切にしながら輪をつくることができたということです。拍手を送りたいと思います。みなさんもクラスのみんなに拍手をおくってください」と，勇気づけます。

②議題を用意する

写真のような議題箱と議題提出用紙を用意します。そしてクラスの中で解決したい課題がある場合は，用紙に記入をして，議題箱に入れるようにします。あらかじめ担任が議題に目を通し，差し迫った議題から順に取り上げるようにします。

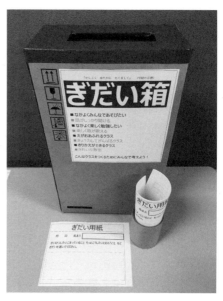

課題として出せるのは，困っている問題だけではなく，例えば何か楽しい企画を考えたものでもかまいませんし，クラス全体に関することでも，個人的な困りごとや相談でもかまいません。はじめは「クラス会議の名前を考える」などの議題を担任から出してもよいでしょう。

③課題を共有する

いよいよ会議が始まります。会議を始めるにあたって，話し合いのルールを確認します。クラス会議には「トーキングスティック」が欠かせません。それは，意見を発表する者だけが持つことのできるもので，ぬいぐるみのようなものが使われます。ぬいぐるみを持つと，安心感がありますし，持っている者だけが話し，あとは聞く，といったソーシャルスキルを定着させるに

も役立ちます。

　議題を提出した子どもがトーキングスティックを持って，議題と議題提出の理由の説明をします。メンバーはより課題が明確になるように，質問をします。そして，その課題がどうなったらよいのか，解決のイメージを共有します。

④解決策を考え，発表する

　課題の解決策を，全員で考え発表します。そのときもトーキングスティックを回しながら解決策を発表していきます。自分の番でまだ思いついてない場合はパスをすることができます。1周終わったところで，他にもまだアイデアがある人は手を挙げて，トーキングスティックをもらって発表します。

⑤質問と意見

　出された解決策について質問をして，明確にしていきます。そして，解決策に対する意見についても発表します。このとき質問や意見が，出された解決策を否定するようなものでないように注意をします。

⑥解決策の選択

　個人的な課題である場合は，議題を出した本人が出された解決策の中から一つ選び，発表します。学級全体にかかわることの場合は，多数決で解決策を一つ選びます。その際，選ばれなかった解決策も大切であることを伝え，デジカメなどで撮影してとっておきます。

⑦解決策の実行と，結果の話し合い

　会議で決めた解決策を実際におこない，次のクラス会議の際，結果がどうであったかを発表します。うまくいっていた場合はそのまま解決策を続けます。うまくいっていなかった場合は，解決策のやり方が間違っていなかったか確認をし，やり方を修正するか，前回の会議で選ばれなかったアイデアの

中から一つ選んで実行するかを決めます。

③ クラス会議で育つもの

　クラス会議では問題解決に焦点を当て，その解決を図る訳ですが，実は解決できるかどうかということ自体よりも，もっと大切なものがあります。それは，課題解決に向かい協力し合うシステムができあがるということです。

　何か問題が起こったときに，担任に解決してもらったり，解決策を教えてもらったりしようとするのではなく，自分で，あるいは自分たちで解決策を考えそれを実行し，振り返るという，自立的に問題解決しようとする学級に変化していくということが本当のねらいなのです。

　そしてそのシステムは，子どもたち一人一人の「所属感」「信頼感」「貢献感」「自己受容」つまり共同体感覚を高めます。学校現場は忙しく，なかなかクラス会議の時間がとれないという声も聞かれます。しかし，課題解決に向かう協力集団がひとたびできあがれば，学級内での人間関係のトラブルは確実に減りますし，学習場面でも，協力し合う学び合いの姿が見られるようになります。

　クラス会議の魅力と効果に気づいた教師は，様々な工夫を凝らして，時間をつくりながら取り組んでいます。

授業中に共同体感覚をはぐくむ

1 消しゴム

　算数の授業で，自力解決の場面……。机間巡視をしながら，苦戦している様子の子どもの前で足が止まりました。しゃがんでのぞくと，簡単な足し算を間違えています。「そこの計算，どうかな」と聞くと「あっ」と声を上げ間違いに気づいたようです。と，次の瞬間，私の手は反射的にその子どもの消しゴムに伸びました。すぐにはっとして止めた宙ぶらりんの私の手をよそに，その子どもは丁寧に間違えた計算を消し，正しくやり直しました。

　私の中に，子どもの間違いを消してしまいたい気持ちがあることに気づき，ドキッとしました。私自身も，間違えることを嫌っていたのです。

2 課題の分離

　アドラー心理学では課題の分離を重視します。それは「断りもなしに人の課題に踏み込まない。踏み込むのであれば，その旨相手に了解を取り，共同の課題として取り組む」ということです。

　授業場面では，この課題の分離が試されることがたくさんあります。先の消しゴムの例もそうですし，図工の時間に，画面中央に小さく描かれた人物を見て「もう少し大きく描かせたい」と思うのもそうでしょう。間違いを修正することも，絵を描き表現することも「その子どもの課題」なのです。

　それではなぜ課題の分離を大切にするのでしょう。なぜ「それは誰の課題か」とやや厳格に問いかけるのでしょう。

3　自立と調和

　教育の目的は人格の完成と民主的な社会の構成者の育成でした。それは，もっと簡単にいってしまえば，自立と調和ともいえるでしょう。

　自立とは，それぞれの人生の課題にそれぞれが責任をもち，克服していくことです。しかし何でもかんでも，自分一人で乗り越えられるものではなく，人々と協力して取り組まなければとても解決できないような問題がたくさんあります。つまり，人から助けられたり，人を助けたり，力を合わせたりすることが社会全体から求められているのです。

　さらに現代では，人間だけの独りよがりな発展が，地球全体の調和を乱し，結果として自分たちにそのつけが回ってくるというような地球規模の課題が山積しています。グローバル人材の育成が希求される所以です。

　話が大きくなりました。教室に戻りましょう。

　間違いを消して直すのも，絵を描き表現することも，その子どもの課題です。代わりに教師が消してしまったり，大きく描くように指示してしまったりしたのならば，子どもは主体性を奪われ，自ら学び，表現することに意欲を失うことでしょう。

　もしもその子どもの利き手がたまたま怪我をしていて使えず「先生，代わりに消してもらってもいいですか」と頼まれたのならば，代わりに消してもよいでしょう。また，消すのに困っている様子を見て「代わりに消しましょうか？」と申し出るのもよいでしょう。消してもらうのか，自分で消すのか，決めるのは本人です。画面中央に小さく描いた人物は，何を表現しているのでしょう。子どもの作品を好き嫌い，上手下手をいったん忘れて素直に味わってみてはいかがでしょうか。

　このように，相手に取って代わって何かをするというのは，かなり限定的であることがわかります。

　自立あっての調和，調和あっての自立です。その両者を合わせると，共同

体感覚といい換えることができると私は考えています。ですから、自分の課題に自分で取り組めるように勇気づけることが、共同体感覚をはぐくむ、第一歩であると考えます。

【4】 そもそも授業は共同の課題

授業のはじめに本時のねらいを黒板に書く教師がずいぶん増えてきたと思います。はじめにこの授業では何を目標にして取り組むのか、クラス全体で共通理解を図るというわけです。

アドラー派のカウンセラーはよく「目標の一致」という言葉を口にします。カウンセラーとクライアントがこのカウンセリングを通してどうなったらよいのかを一致させることが大切だといいます。

例えば、不登校で面接に来た家族のうち、父親だけが「学校に行かせたい」と考えており、当の本人はゲーム仲間と、今夜もネットで楽しみたいと考えているかもしれませんし、母親は子どもがときに暴力的になることに困っていてそれをどうにかしたいと思っているかもしれません。このように「誰が何にどのように困っているのか」がばらばらな場合、カウンセラーはカウンセリングの目標をどこにもっていったらよいのかわからなくなり、それぞれの不満をただダラダラと聞き続ける結果になりかねません。

ですから、誰が何にどのように困っていて、どうなったらいいと思うのか。そして、その中のどの課題にこのカウンセリングでは取り組むのか、それを

共同の課題としてみんなで取り組む気持ちがあるかを確認するところから始めます。
　これは授業も同じです。その授業のねらいを明確に示すことは授業の成否を決定する重要なポイントです。例えば「時間を分数で表そう」というねらいがあったとします。小学校5年生で学習するのですが、これを共同の課題とするためには、子どもたちが「時間を分数で表したい、表す必要がある」と考えられるように、時間を分数で表す必然性を説明しなければならないと私は考えます。
　分数で表すと例えば「残り3分の1時間」というように、どれくらい残り時間があるのかをわかりやすく表すことができます。また、これは教師側の都合でもありますが、6年生になって、ものの速さを時速や分速で表すときに、分数を使って計算をする必要が出てくるので、5年のうちに表し方だけでも勉強しておきたいのです。
　目標の一致ができたならば、その共同の課題を解決するために、教師と子どもたちが力を合わせて取り組んでいきます。そのときには、ある子どもはまだよく理解できない子どもに教えるという役割を果たすでしょうし、他のある子どもは、よく理解できていないところを教えてもらうことで、理解し、共同の課題を協力して解決していきます。つまり、教えることも教わることも解決に向けて貢献したことになります。課題提示をした教師は、その課題を協力して解決した子どもたちを尊敬し感謝するわけです。「これで、6年生になったとき、ものの速さを分数で素早く計算できるようになります。その準備ができました。協力に感謝します」と子どもたちをねぎらうこともできるでしょう。

トラブル場面で共同体感覚をはぐくむ

1　トラブルを解決できるのは共同体感覚があるから

　次の対話は他の章でも取り上げましたが，ここでも再度この対話から考えてみたいと思います。
C「先生A男さんが掃除をしてくれません」
T「〇〇さんはA男さんに掃除をさせたいの？　それともA男さんと掃除をしたいの？」
C「A男さんと掃除をしたい」
T「じゃあ，どうしますか？」
C「誘ってみます」
T「どんな風に？」
C「一緒に掃除をしようっていいます」

　ここでCが「A男さんと掃除をしたい」と答えたのは，共同体感覚があるからです。A男さんに掃除をさせたいのではなく，協力して掃除をしたいという感覚が，人間には基本的に備わっていると考えます。また，トラブルを解決したいと考えること自体，共同体感覚がベースにあるからです。

しかし，共同体感覚が備わっているからといって，自然に育つことを期待しても，そううまくはいきません。やはり意図的に育てる過程がどうしても必要です。そのためにトラブル場面はチャンスであるともいえるのです。

（2） トラブル場面が共同体感覚をはぐくむチャンス

給食当番でいつもおかずを配りたがる子どもE男さんがいました。そのことを他の班員はみんなずるいと思っていました。他の子どもがうまく先におかずをとってきた場合は，順番におかずを担当するのですが，E男さんも，抜け目なく，素早くおかずをとってきてしまうことの方が多かったのです。そこで班員でその問題について話し合うことになりました。前の章の解決のホイールで「とことん話し合う」を選択したのです。

E男さんは「おかずを配りたい」の一点張りです。そして理由を聞いても「配りたいから」というだけです。他の班員も「私だって配りたい。なのにE男さんばかりずるい」と口をそろえていいます。「そんなの早い者勝ちでいいじゃん」とE男さんがいい，「早い者勝ちじゃなくてじゃんけんにしよう」「じゃんけんしていたら遅くなるよ」と紛糾しています。

そこで突然，この話し合いに終止符を打ったのは，今までずっと黙っていたF男さんでした「そんなにやりたいんだった

ら，E男さんにやってもらえばいいじゃん。早く配れればいいんでしょう」というと，「なんだそうか」と他の班員も納得した様子です。何となく決まり悪いようなE男さんに「E男はおかず担当ね，永久に」と嫌みっぽくいう子どももいましたが，「僕たちも飽きたら変わろう，それでいいでしょう」といって一件落着でした。

　私はみんながOKになるように交代制で給食当番をやるところに落としどころがあると考えていましたが，全くそうはなりませんでした。どうも，子どもたちの方が上手だったように思います。誰が何を配るかについてこだわっているのはE男さんだから，E男さんのこだわりは受け入れながら，全体として，時間内に配れるようにすればそれでいいと考えたのでしょう。

　大人が考える平等や公平が，かえって子どもたちを不自由にすることがあります。「時間内に協力して配れるようにする」という命題を与えたら，そのあとは子どもたちに工夫させればよいのでしょう。「このやり方が公平でしかも早く配れる」とお手本を示しやらせるのでは，子どもの主体性は育ちません。

　トラブル場面は，子どもたちが本来もっている共同体感覚を発揮するチャンスです。「所属感」「貢献感」「信頼感」「自己受容」がこのケースで育ったのは明らかです。

第6章
アドラー心理学を生かした問題場面への対応術

過度の注目をひく行動への対応術

1 4つの誤った目標

　アドラーの高弟，ルドルフ・ドライカースは，アドラーの理論を深化させ，特に子育てや教育に適応させる中で，人間のもっとも根源的な欲求は所属の欲求であるという確信を強めていきました。

　それらの考えをもとに『Children : The Challenge（邦題，「勇気づけて躾ける」）』を著し，そこで，勇気をくじかれた子どもは所属を目的とした誤った目標を設定し，その目標に沿って行動すると指摘しました。

　4つの誤った目標を順に見ていきましょう。

2 過度の注目を引く行動（トラブルを起こす，賞賛を求める）

　ここしばらくはめっきり見かけなくなった暴走族でしたが，最近また，地方都市のバイパスでも数多く見られるようになってきました。彼らの目標は大変わかりやすく，誰もが納得するでしょう。「過度の注目を引く」という目標です。過度の注目を引くことができたとき，私は所属していると感じるわけです。彼らのアドレナリンを最高に引き出してくれるご褒美は，パトカーを後ろに引き連れながら悠々と騒ぎたてている時間でしょう。彼らは人をイライラさせることでしか注目を引くことができなかったのかもしれません。中には適切な養育環境で必要かつ十分な注目を得ながら育つことができなかった若者もいるかもしれません。

　ハーバード大学のStill Faceの実験を思い出してください。母親が能面のように無反応になったとき，赤ちゃんはまず，今まで母親との関係で使っ

てきた適切な方法で関係をもとうとします。声をかけたり，指を指したりすることで，返事をしてくれたり，一緒に指さす方向を見てくれたりしました。しかし，今母親は能面のような顔をして，一切反応してはくれません。

　赤ちゃんは母子という最小の社会に所属しなければ生きてはいけません。母親の注目抜きでは死んでしまうのです。だから，赤ちゃんは母親の注目を取り戻すために必死の行動をとります。キーキー声です。

　実験なのでこの赤ちゃんのキーキー声に私たちは同情的です。しかし，母親が立ち話をしている最中のキーキー声だったらどうでしょう。母親はイライラするのではないでしょうか。これと同じようなことが，学校の教室でも起こりませんか。キーキー声を上げることもあるかもしれません。立ち歩きやしつこく質問することで注目を得ようとすることもあるでしょう。そんなとき私たちはやはりイライラするわけです。

　ドライカースは，子どもの誤った目標を査定するために，相手役である大人がどのような感情をもつかという点を利用しました。

　大人がイライラさせられるようなときの子どもの目標は過度の注目を得るということです。

③ 賞賛を求めることでも注目を得ようとする

　子どもが過度の注目を得るという目標を達成するためにとる行動としては，賞賛を求めるという一見適切な行動があげられます。しかしこれは「私は賞賛を得られているだけOKである」という誤った自己理想に基づくものです。

　小学校低学年では，たびたび

描きかけの絵を担任に見せては「先生これでいいですか」と承認なのか，賞賛なのかはっきりはしませんが，とにかく私を見てほしいと注目を得ようとする行動が見られます。

　注目を得ようとするためのこれらの方法は，たとえ適切な行動であったとしてもやはり相手役の大人をイライラさせます。

4　過度の注目を引く行動への対応

　誤った目標に基づく不適切な行動に対しては，注目を与えないということがセオリーです。ここで気をつけなければいけないのが，注目を与えないことと無視をすることとは違うということです。その子どもの存在は，他の子どもと同じようにきちんと認める必要があります。ですからこれは無視ではありません。

　例えば授業中に机をトントンたたいて音を立てている子どもがいれば，きちんと「机をたたくのをやめてもらえませんか」と伝えます。ふらふらと立ち歩く子どもがいれば「すぐに席についてください」と注意します。毎時間何度でもさしてもらえないとふてくされる子どもには「他の子どもの意見も聞きたいので，○○さんばかり指すことはできないよ」ときちんと説明する必要があります。

　それと同時に，そのような誤った目標「過度の注目をひく」に基づく不適切な行動をとらなくても，あなたはこのクラスに，この学校に所属しているというメッセージを送らなければなりません。それが勇気づけです。

　そのためには「できていること」に注目します。机をトントンたたいて注

目を引こうとしている子どもも，立ち歩いている子どもも，ハイハイ手を挙げる子どもも，四六時中そうしているわけではありません。机をたたいていないとき，立ち歩いていないとき，目を合わせ笑顔で頷いてみるのもいいでしょう。「OK できているよ」というメッセージです。肩をぽんぽんと軽くたたいてあげてもよいでしょう。何度も手を挙げる子どもの意見の中には，注目を得るためだけではない，適切な意見も含まれているでしょう。その適切な部分を取り上げ，○○さんは○○のように考えているのですね。と復唱しながらしっかりと受容することが必要ではないでしょうか。

　これらの不適切な行動は急には止まりません。なぜなら，このようなライフスタイルは一朝一夕にできあがったものではないからです。「大丈夫 OK できてるよ」というメッセージを送り続けること，勇気づけを続けることで，次第に不適切な行動も減るはずです。

教師に対する反抗的行動への対応術

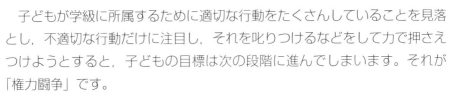

　子どもが学級に所属するために適切な行動をたくさんしていることを見落とし，不適切な行動だけに注目し，それを叱りつけるなどをして力で押さえつけようとすると，子どもの目標は次の段階に進んでしまいます。それが「権力闘争」です。

　立ち歩く子どもを大声で怒鳴って席につかせたり，無理矢理引っ張って座らせたりしているうちに，今度は教室を飛び出すようになることが予想されます。子どもは目標を切り替え「先生と僕とどちらが強いか試してみようじゃないか」と戦いを挑んできます。何度も手を挙げる子どもにうんざりし，全く指さないようにするというように教師の側が不適切な行動をとった場合「わかったわ，じゃあ，勉強しない」といって，教科書を開こうともしなくなるかもしれません。「権力闘争」です。

　権力闘争の段階に入ったかどうかは，これも，教師の感じ方で判断できます。教師がその行動に対して腹を立てたとき，権力闘争を仕掛けられていると考えてよいでしょう。

　たいていの教師は権力闘争から降りることができません。私もかつて権力闘争にはまり込み，毎日腹を立て，怒り，苦しんだ2学期がありました。いったん権力闘争にはまり込むとなかなかそこから降りることができません。感情的になってしまい，冷静に何をするべきなのかの判断ができなくなってしまうのです。前に書いた米づくりの学年です。米づくりが悪かったわけではありません。しかし，子どもたちに提案し，同意を得，目標の一致を図るという過程を踏まないまま突き進んだことが，子どもたちの勇気をくじいた

のです。
　「おまえ，俺たちを使っていい教師面しようとしてんじゃねーのか」そんなことをきっと心の中で思っていたのではないでしょうか。

２　権力闘争から降りるには

　権力闘争から降りるときは，勝とう勝とうとする気持ちを抑え，負けを認める勇気が必要です。教師は子どもに勝てないのです。子どもたちが安心して学習でき，目標を共有し，建設的に力を合わせる学級に立て直すには決断は早ければ早いほどいいのです。
　子どもたちに「どうしたいと思っていますか」と尋ねることから始めます。私は「どんな６年生を送る会をしたいと思いますか」と尋ねました。
　「この学級がどのようになったらいいと思いますか」と思い切って尋ねたとき，今度は権力闘争から降りることができた教師を子どもたちが勇気づけてくれるはずです。
　「わかりやすい授業をしてほしい」「ダメなことはダメとはっきりといってほしい」「きれいな教室で勉強したい」「給食を平等に配ってほしい」「休み時間に楽しく遊びたい」等々，きっと教師がそうしたいと思っていたことを，子どもたちが代弁してくれることでしょう。子どもたちには本来共同体感覚が備わっているのです。子どもたちを尊敬し，信頼できたとき，こちらから戦うことをやめることができるのです。
　権力闘争から降り，どうなりたいのかを尋ねることによって，自然と目標の一致が図られます。そうした上で，それを実現するためにどうしたらよいのかを，また子どもに尋ねていけばよいのです。子どもに主体的に立て直しに参画させることで，子どもの所属感は満たされます。
　「何か先生に手伝うことがあったらいってくださいね」「どうしたら，そんなことができたのか教えてくれる？」このように子どもを勇気づけることができることこそ，教師の仕事の醍醐味だと思うのですがいかがでしょうか。

3 迷惑行動・無気力，無関心への対応術

1 復讐

　もしも教師が，子どもの行動によって傷つけられたような嫌な感じがしたら，それは，復讐の段階に入ってしまっているのかもしれません。子どもは教師を傷つけたり，がっかりさせたりすることによって所属の欲求を満たそうとします。人を傷つける共通の仲間とつながることがいじめですから，いじめが起こっているとすれば，それも復讐の段階だと考えられます。自分の学級にいじめが起これば，当然教師も傷つきます。

　もしもこの段階に入ってしまっていたとしても，あきらめてはならないのは子どもたちの共同体感覚です。人や物を傷つけることによらなくても，仲間をつくることができることを，教えていく必要があります。

　しかし，復讐の相手役は担任教師ですから，一人でこの問題に対処することは難しいでしょう。一人で抱え込まず，同僚や管理職の協力を得ながら，いじめを止め，落書きを消させ，壊したものを直させながら，所属するための方法としてそのような方法が彼らに似合わないことを伝えます。また，そのような段階であっても，適切な行動はたくさんしているはずです。その適切な行動に注目し，勇気づけます。朝，笑顔で挨拶をし，声をかけます。教室の環境整備をし，可能であれば子どもたちの中で手伝ってくれる子どもを募ります。授業準備をしっかりとして，授業後には，協力に感謝します。

2 無気力，無関心

　子どもは無気力，無関心になったとき，学校に来なくなるかもしれません。

この段階になると教師は，がっかりしたような無力感に襲われます。

　この段階になっている子どもも，実は求めているものは所属の欲求であることを忘れてはなりません。ですから，例えば不登校の状態になってしまったのならば，それでも，何らかの形でつながる努力をする必要があります。よく，友達に手紙を書かせたりする教師がいますが，子どもたちが書きたいといったのでないのならば，むしろ担任教師自らが，その子どもを気遣う手紙を書くことがよいのではないでしょうか。

　「あなたのことを見放さない。クラスの一員だ」というメッセージが伝わるようにします。それと同時に，担任以外でそのような子どもとつながれる教師やスクールカウンセラー，あるいは教育センターや適応指導教室などとも連携を図ります。もちろん家庭との連携も図っていきます。

　教育相談担当や特別支援コーディネーターに音頭をとってもらい，ケース会議をひらき，その子どもが所属できる関係を確保します。家庭では元気に過ごしているのであれば，家庭にこの子どもとつながるリソースがたくさんあるということが考えられます。間違っても，家庭に問題があるから学校に来られないのだと，責任を家庭に押しつけないようにしなければなりません。子どもを勇気づけるとともに，不登校になっている我が子を抱える家庭を勇気づけなければなりません。家庭と一緒に，その子どもの小さなチャレンジを応援し，一つ一つつながりを紡ぐことから始めます。

　Still Face をもう一度思い出してほしいと思います。子どもたちが欲しているのは，「あ」といえば「あ」と答えてくれ，にこっと笑えば，同じようににこにこしてくれる，指を指せば一緒にそちらの方を見てくれる，人と人との健康なつながりです。適切なつながりがもてないから，不適切な行動を使って，人を自分につなぎ止めようとするのです。

　無気力・無関心の段階の子どもは，適切で健康な二者関係から始めることが重要です。

第6章　アドラー心理学を生かした問題場面への対応術

いじめ問題への対応術

1 いじめという出来事の共通の被害者

　ひとたび「いじめ」が起こると，それにかかわる人々，被害者はもちろん，加害者も，傍観者も，その学級の担任も，いじめという出来事の共通の被害者であると考えます。

　いじめの被害者の立場に立ってみれば，加害者や，それを傍観していたもの，そしてはやし立てたもの，また，いじめを止めることができない担任までもが同じ被害者だとはとうてい納得できないのはたしかですし，共通の被害者だと書くことが被害者の心情に配慮しないものだと批判されても仕方がないと思います。

　しかし，あえていじめにかかわる人々すべてがいじめという出来事の被害者であるといいたいと思います。それは，そのように考えた方がいじめの予防や解決につながりやすいと考えたからです。なぜ予防や解決に役立つかといえば，いじめという出来事からの避難を促すからです。裏を返していえば，いじめの加害者を特定し，罰しただけではいじめの問題は解決しないということです。

　「率先避難者たれ」とは，片田敏孝（群馬大学）が提唱した災害避難の三原則のうちの一つです。私は，「いじめ」を災害に例え，そこから避難することがいじめ予防と解決に最も必要なことだと考えました。

　避難するというのは，いじめの場合「助けを求める」ということです。信頼できる大人や友人にまずは助けを求める。「いじめられている」「いじめている」「いじめを見てしまった」「いじめをはやし立ててしまった」「自分のクラスにいじめがある」「我が子がいじめられている」「我が子がいじめをし

ているようだ」そんなときに「助けて！」といえるようにするのです。

2　いじめという行為の目的，目標

　ドライカースは，アドラーの考えを進展させ，人間の最も基本的な欲求は所属することであると考えました。その基本的な欲求を満たすために人は，適切な行動だけでなく不適切な行動もとることがあるということについては今まで述べてきたとおりです。

　ですから，いじめの目的は所属です。いじめる子どもたちは共通の被害者をつくることによって，いじめ集団への所属を果たします。この所属は非常に危うい関係なので，いつそこからはじき出されるかわかりません。そしてひとたびはじき出されると，今度は人の所属感を満たすための存在に成り下がらなければならないのです。共同体感覚の裏返し，「疎外感」「不信感」「無力感」「自己否定」でいっぱいになります。そのような恐怖に動機づけられ，より一層いじめる側にしがみつくのです。

　たしかにいじめる側に回れば，所属感は得られるでしょう。しかし，それは刹那でありいつでも孤立感と背中合わせです。仲間を信頼することもできず，いじめに役立ったとしても健全な貢献感では決してなく，自己否定の気分でいっぱいになっているはずです。

　傍観者もはやし立てるものも同様でしょう。みな孤立を恐れ，そこから逃れるためにいじめを助長してしまっています。そしていじめる側，いじめられる側の保護者も，止められない担任も，「疎外感」「不信感」「無力感」「自己否定」を抱えています。

3　いじめ解決の鍵は誰もがもっている孤立のパズルをひっくり返せ

　いじめが起こると誰もが孤立し，ばらばらになります。そのことがいっそう解決をしにくくしています。しかし，裏を返せば誰もが孤立しているのだ

から，「どこからでもアプローチできる」「解決の鍵は誰もがもっている」ということもできるのです。

　例えばいじめ被害者の保護者は悔しさや無念さ，加えて子どもの人間関係にどこまで口を出していいのかわからないジレンマや歯がゆさを抱えているでしょう。被害者の保護者には，そういった気持ちをわかってくれる相手が必要です。共感的に理解されはじめて，我が子も我が子をいじめる加害者も，同じいじめという出来事の被害者なのだということを受け入れ，両者の成長のために大人として何ができるのかという解決の協力者になることも可能なのです。

　反対に，「今回の訴えを精査したところ，多少のからかいはあったものの，お互い様という面もあって，深刻ないじめととらえることはできない」と学校から説明されて納得できるでしょうか。たとえ，第三者からみてそうであったとしても，客観的事実（と思われるもの）を主張しても何の解決にもならないのです。

　ましてや「いじめ加害者」あるいは「首謀格」とされる子どもの「孤立感」「罪悪感」「自己否定」は尋常ではありません。自分を正当化しようとすればするほどいじめから抜け出せなくなっていきます。それを受容し共感することは容易なことではありません。安直に加害者の非を追求し，罰し，謝らせることだけでは，当面の問題解決にはなったとしても，本当の解決は先送りにされたままになってしまいます。

　加害者を受容し共感し勇気づけていくためには，やはり「加害者もいじめという出来事の被害者である」という認識に立って考える必要があるのです。

　そのようなときこそ「孤立のパズル」をひっくり返し「共同体感覚のパズル」を組み立てていくことを考えます。その子どもは「疎外感」をどこから感じているでしょう。学級に，家庭に，地域にその子どもは所属していることを実感できているでしょうか。きっとどこかで勇気をくじかれ，自己否定に陥っているはずです。過剰な期待をかけられ，親の理想像から引き算され，だめなやつだと自分を評価しているかもしれません。同級生と比較した教師

の不用意な一言で傷つき，友人に憎しみをもっているのかもしれません。

　パズルをひっくり返すにはまず，その子どもが所属していると感じることができる場所や時間，限られていたとしても，周囲と協力しうまくいっている場所や時間を探すのです。それは，学校にいる時間だけとは限りません。だから，家庭，地域と学校が連携し，加害者とされる子どもの適切な行動を探さなければなりません。

　例えば，林間学校でカレーライスをつくるとき，上手に火をおこしてくれるかもしれません。「君が上手に火をおこしてくれたおかげで，おいしいカレーライスができたよ。ありがとう」といえるかもしれません。学校ではいじめの首謀者であるその子どもが，スポーツ少年団のバレーボールでは，ボールの空気入れや体育館の掃除，下級生の面倒で，目立たないけれど活躍しているかもしれません。「スポ少の〇〇コーチが君のこと，目立たないところでまじめに頑張ってくれているといっていたよ」と勇気づけることもできます。

　被害者はもちろんですが，加害者こそ勇気づけが必要です。勇気づけのポイントは，特別なことよりもむしろあたりまえのことに注目するのでした。勇気づけ，その子どもの本質的なよさを信頼し，それを伝えた上で，人を傷つける行為がいかに似合わないことなのかを伝えてみてはどうでしょうか。

4　いじめられやすさ（ヴァルネラビリティ）

　被害者のもつ「いじめられやすさ（ヴァルネラビリティ）」についても避けて通ってはならないと思います。かつて「被害者にも原因がある」ということはタブー視されてきました。しかし「いじめられやすさ」から目を背けることは，いじめの本質から目を背けることになると思います。

　被害者がいじめから避難する場合，ただいじめから守られればよいというのではありません。それではいつまでもその子どもにボディガードをつけなければならなくなります。いったん避難したならば，被害者もまた，いじめ

の再発を防ぐチームの一員として努力しなければならないのです。いじめられやすさがあるということは，その子どものライフスタイルにも課題があり，それを乗り越えなければなりません。

　私が担任として，また，教育相談担当としてかかわってきた，いじめられやすい子どもの中に「同年齢の子どもは敵である」といった強い信念をもつ子どもがいることに気づかされることがあります。

　異年齢の子どもや大人とはうまくかかわれるのに，どういう訳か同年齢の子どもを敵対視します。もちろん，いじめをかつて受けてきたことで「敵である」との信念をもっても不思議ではありません。しかし過度に一般化し「同年齢の子どもはすべて敵である」としたならば，自ら孤立し余計にいじめられやすさを強めてしまいます。

　私は，まずいったんその子どもが孤立することを受け入れることから始めるようにしています。例えば「あの教室には行きたくない！」という子どもには，別室登校を提案します。その上で，別室に「入れてあげてもいい」教師や同級生を聞いていきます。そこで，人とつながることのよさを味わってもらうことが，その子どもへの勇気づけだと思っています。

　「すべて敵」が「そうでもないやつもいるものだ」とその子どもの認知が変わっていく取り組みを徐々におこなっていくのです。信頼の置ける教師や友達ができた時点で「教室で一緒にやりたい」と提案するのです。なかなか時間のかかることです。しかし，その子どもの自己像や世界像を変えていくのですから当然のことです。そのようにして，いじめられやすさを修正していくことも，生徒指導上重要な仕事になると考えています。

不登校問題への対応術

1 学校に行くのは誰の課題か

「当然子どもの課題だ」そう答えるのがどうやら一般的なようです。

でも本当でしょうか？　もう一度考えてください。私たちは私たちが税金として出し合ったお金で，学校をつくり維持しているのではないでしょうか？　学校の職員を雇っているのではないでしょうか？　私たちは，私たちの国の未来を担う市民をみんなの手で育てるために学校をつくったのではないでしょうか？　教育は，公共サービスとは異なるのではないでしょうか。学校に行くのは子どもだけの課題ではないのです。

学校に子どもが行かないのなら，どうしたらその子どもが学校に行くようになるのか考え，工夫と配慮をする責任は教育の義務を負う保護者を含め，我々大人にあるのです。もしもそれでも学校に行かないのならば，その子どもが市民として育つために必要な手立てを，みんなで知恵を出し合って考えなければならないのです。学校に行くのは，子どもも含め，市民全員の課題なのです。もう一度繰り返します。子どもたちがやがて大人になり，この国や世界をつくっていくのです。未来を託すのです。

目の前に，学校に行かない子どもがいたとしたら，学校に行かないことをまずは，教員も保護者も受け入れなければなりません（善悪を判断せず，そういう状態であることをそのまま理解する。「ああ，この子どもは学校にいかないのだ」と理解する。そうしたら，その子どもが何にどのように困っているのかを共感的に理解する）。アドラーによる共感の定義は「相手の目で見，相手の耳で聞き，相手の心で感じる」でした。子どもの目に世界はどのように見えているのでしょう？　子どもの目に，子ども自身はどのように見

第6章　アドラー心理学を生かした問題場面への対応術　139

えているのでしょう？　子どもはどうありたいと思っているのでしょう？

　子どもに言語化を迫ると，うまくいい表せなかったり，大人が納得しそうな答えでごまかしたりもします。また，反対に，「めんどくさいから」などと大人が挑発されたかのように感じる言葉が返ってくることもあります。

2　ライフスタイルに注目する

　いくらアドラー心理学が，目的論に立ち，解決志向であったとしても，全くその子どもの背景に配慮しないことはありません。むしろその子ども特有のユニークなライフスタイルに注目をします。

　ライフスタイルは，共同体に所属するための方略として身につけられるのでした。例えば①世界像「学校は危険なところであり，先生や友達は助けてくれない」②自己像「私は弱く傷つきやすい」③自己理想「私は守られるべきである」このような認知のまとまり，つまりライフスタイルをもった子どもであれば，学校に行けないのも頷けます。

　「どうしてこのようなライフスタイルを身につけてしまったのか」つい原因を探りたくなります。しかし，アドラー心理学は現実的な解決を志向します。ですから「このようなライフスタイルをもった子どもをどのように勇気づけるか」を考えるのです。

3　ゲームで得ているものは……

　不登校になると昼夜逆転の生活になり，ネットゲームにはまる子どもが少なくありません。それは夜，不安に耐えられずに眠れないということもありますし，ネットゲームから様々なものを得ているということもあります。

　ある高校生，D男さんのはまっているゲームは実践さながらの戦争ゲーム。グループと呼ばれるチームで戦うのだそうです。チームへの所属感や信頼感，貢献感，そして自己受容，まさに共同体感覚の要素であるそれらを，ゲーム

を通して得ているのです。なぜならD男さんの心は，孤独感や不信感，無力感や自己否定でいっぱいだからです。ゲームという仮想空間でしか，自分を勇気づけることができないと感じているのです。

「ゲームでそれらを得ているのなら，それでいいじゃないか」という声も聞こえてきそうですが，ゲームの世界はしがらみがない分，「僕はこのチームの一員だ」と感じていたチームそのものが，ある日突然，雲散霧消して消えてしまうことが少なくありません。放り出された孤独感，見捨てられ感は，一層強烈にゲームへの依存をかき立てます。

4 ではどうすればよいのか

私たちの支援の目標はここでもやはり，共同体感覚を育てる，つまり勇気づけるということになります。私とD男さんのお母さん，お父さんはまず，D男さんが自分を受け入れられるようにすることを考えました。つまり，D男さんの今，を受け入れるのです。

そのためにまずしたことは，共感でした。D男さんの目で見，耳で聞き，心で感じたとき，この世界は自分はどう見えていて，何を求めているのかを想像したのです。私の「ゲームから何を得ているのでしょう」という問いにお父さんは「仲間との信頼関係と貢献感，自信をゲームから得ている」と教えてくださいました。そのときから，ご両親は，決してゲームをやめさせようとはせず，むしろ関心をもって，内容を聞くようにしたのだそうです。

私はD男さんには一度も会っていません。ゲームの内容についてはすべてお母さんが聞き，私に話してくださいました。

5 ほんもののつながりができていた

自分が夢中になっているものについて否定せず，理解しようとしている両親がいたということが，D男さんにとって大きな支えになるときが来ます。

D男さんは，日に日に痩せ，食事をとることもあまりしなくなり，文字どおり，寝食忘れてゲームに没頭しました。腕を上げ，仲間に認められ，ついには自分でグループを組織し，兵士を募集するまでになったのだそうです。
　しかし次第にグループの仲間の中で，一人去り，二人去りと，昼夜逆転の時間に，つきあえないものが出てきました。そしてついには，D男さんが親友のように慕っていたグループの仲間，イーグルさんが，受験を理由にグループを去りました。期を同じくして，家のインターネット環境が故障し，復旧に時間がかかっていたこともあり，一気にD男さんのゲーム熱は冷め，むなしさでいっぱいになったといいます。
　しかし自分の元を去っていったグループの仲間と相対して，ゲームの話をいつも聞いてくれ，自分の活躍を理解していてくれたご両親が家には居ました。ほんもののつながりがそこにありました。

⑥　人生ゲーム

　「来る日も来る日も人生ゲームなんです」うれしいような困ったような複雑な表情でお母さんが報告してくださいました。むなしさを埋めたのは，ネットゲームではなく，小さいころに家族でよく遊んだ人生ゲームだったのです。「あぁ，いいですね，人生のシミュレーションを開始しましたか！」私がいうと，「なかなかつきあうのも大変ですけどね」と笑われました。

⑦　裏返ったパズル

　D男さんを信頼して待ち，D男さんの行動を受容し，その存在をそのまま受け止め続けたことで，共同体感覚が高まったのではないでしょうか。
　D男さんは今では「リアル」な友達を何人もつくり，通信制の高校に通っています。なぜ学ぶのかという問いは，なぜ生きるのかという問いと重なります。そんな問いに向き合い続けた彼に私自身が勇気づけられました。

あとがき

　私がアドラー心理学に出会ったのは今から12年前になります。当時千葉大学にいらっしゃった諸富祥彦先生のSGEの研修で，受付に置いてあった，ヒューマン・ギルドのチラシがきっかけです。そこに書かれていた言葉「勇気づけ」を最も渇望していたのは他でもない学級経営に苦戦する私自身でした。諸富先生が解説を書かれ，文教大学の会沢信彦先生が翻訳された『クラス会議で子供が変わる』（コスモスライブラリー，2000）をぼろぼろになるまで読み込み実践する日々が始まりました。

　上越教育大学の赤坂真二先生や香川県の公立小学校の森重裕二先生のような，教師としての卓越した能力をもっているわけではない私が，それでもクラス会議に挑戦し，子どもたちと相互尊敬相互信頼の関係を築こうとする努力を続けてこられたのは，ヒューマン・ギルドの岩井俊憲先生の，厳しくも温かいご指導あってのことです。また，岩井先生の旧知のご友人でもある，岡野守也先生との出会いも，私の学校観，教育観の大きな転換点にもなりました。岡野先生の『コスモロジーの心理学』で学ばせていただいたこともずいぶん本書に生かさせていただきました。

　我が山梨のアドラー仲間，「クラス会議はじめました」という若い先生方，そしてアドラー心理学を生かした授業実践に研究として取り組み，発表した内地留学生……蒔かれた勇気づけの種はもうとっくに芽吹き，ぐんぐんと成長していることを実感しています。雑誌「道徳教育」の執筆から始まり，締め切りをなかなか守れない私をそれでも信頼し，大切な出版の機会を与えてくださり，支えてくださった明治図書の茅野様には大変お世話になりました。心より感謝申し上げます。

　終わりに，私のアドラー心理学に基づく学級づくりをともにし，勇気づけてくれた，子どもたちと保護者の皆さま，6年間の教育相談で生きる意味を一緒に考えてくれた子どもたちと保護者のみなさまに感謝して，筆をおきたいと思います。

【著者紹介】

佐藤　丈（さとう　たけし）

1964年東京都小金井市生まれ（51歳）。山梨大学教育学部で教育心理学を専攻し、卒業後心理学専攻科に残り「共感」をテーマに研究。1989年より山梨県の公立小学校勤務。2003年山梨県総合教育センターに内地留学し「どの子どもにも居場所のある学級」をテーマに研究し、アドラー心理学をヒューマン・ギルドにて学ぶ。2004年より小学校に戻り、クラス会議、アドラー心理学に基づく学級経営を実践。2011年より6年間、同教育センターにて研修主事。相談、研修、研究の業務にあたる。2016年より山梨県公立小学校教諭として現職。『今日から始める学級担任のためのアドラー心理学（図書文化）』など分担執筆多数。

本文イラスト　松田美沙子

心理学 de 学級経営
勇気づけの教室をつくる！アドラー心理学入門

2016年7月初版第1刷刊　Ⓒ著　者	佐　藤　　　丈
2016年11月初版第3刷刊　　発行者	藤　原　光　政
発行所	明治図書出版株式会社

http://www.meijitosho.co.jp
（企画）茅野　現　（校正）茅野・小松
〒114-0023　東京都北区滝野川7-46-1
振替00160-5-151318　電話03(5907)6701
ご注文窓口　電話03(5907)6668

＊検印省略　　組版所　長野印刷商工株式会社

本書の無断コピーは、著作権・出版権にふれます。ご注意ください。

Printed in Japan　　ISBN978-4-18-229810-3
もれなくクーポンがもらえる！読者アンケートはこちらから →